日米開戦の正体（上）

なぜ真珠湾攻撃という道を歩んだのか

孫崎 享

祥伝社文庫

本書は二〇一五年五月、小社より単行本『日米開戦の正体』として発行されたものの「はじめに」から「第四章」までを（上）として文庫化したものです。

本書では読みやすさを考慮し、引用文中、漢字・カタカナを平仮名に、旧字を当用漢字に、カンマを読点に変えた箇所があります。また、読者の便宜を図るため、原書の記述内容を損なわない範囲で、本書の著者が引用文を要約や省略した箇所があります。断わりのない引用中の傍点や太字は著者によるもの、〔　〕内の記述は、著者、または編集部による補足です（引用文献中に同表記の補足がある場合などは、孫崎注と記す）。なお敬称を一部省略しました。

特記以外の英文和訳は著者によるものです。（編集部）

装丁　フロッグキングスタジオ
カバー写真　©INTERFOTO/amanaimages
本文写真　共同通信社、毎日新聞社

はじめに

日本は今、「あのとき」と同じ歴史的曲がり角にいます

孫崎《まごさき》享《うける》です。この本を手に取ってくださり、ありがとうございます。

最近私が情報を得るのに利用しているツイッターの一つに、ニューヨークタイムズ東京支局長マーティン・ファクラー氏の物があります。二〇一五年一月二日、彼は自らのツイッターで「明仁《あきひと》天皇が自国に戦争時の歴史を学ぶように呼びかけ」（原文英語）と発信しました。

元日、新年に当たって宮内庁は「天皇陛下のご感想」を発表します。二〇一五年、そこでは次のように述べられていました。

「本年は終戦から70年という節目《ふしめ》の年に当たります。多くの人々が亡くなった戦争でした。各戦場で亡くなった人々、広島、長崎の原爆、東京を始めとする各都市の爆撃などにより亡くなった人々の数は誠に多いものでした。この機会に、満州《まんしゅう》事変に始まるこの戦

争の歴史を十分に学び、今後の日本のあり方を考えていくことが、今、極めて大切なことだと思っています」

私もこの内容を自分のツイッターで発信したところ、「『十分に学び』とか『今』という言葉が選挙民の覚醒を促《うなが》している」といった返信がフォロワーからありました。

ところで、この本は「天皇陛下のご感想」の前に第一稿を書き上げていたものです。奇《く》しくも、天皇陛下のご感想にある「満州事変に始まるこの戦争の歴史」を考える本を、なぜ「今」書くに至ったのでしょうか。

それは、「今」こそ、十分に歴史を振り返り考えるべき点があるのだと、強く思ったからです。

この本は、日露《にちろ》戦争から、真珠湾《しんじゆわん》攻撃までの期間を扱っています。

読者のみなさんは、たぶんご存じと思いますが、私は『戦後史の正体』（創元社）という本を書きました。この本の焦点は一点です。「戦後の日本で、米国の圧倒的な影響力の下、日本の首相が自主を唱えたときにどうなるか」、これで戦後の歴史を見ました。「自主か対米隷属《れいぞく》か」で見てみると、戦後を貫く縦糸が浮かび上がってきました。

事実、「そうだったのか」と多くの人から、コメントをいただきました。

大手新聞の書評もなく（逆に一社の酷評があり、私のツイッター読者の抗議があまりに多く、この社は書評の一部を削除すると小さく報道しましたが）、賞もなく（昔は別の本で山本七平《やまもとしちへい》賞をいただきました）、でも二二万部印刷されたことは、大変なことと思います。

同じように、今回、日露戦争から、真珠湾攻撃までの期間を書く目的はただ一つです。「なぜ真珠湾攻撃という愚《おろ》かな道を歩んだか」です。

では、今、なぜ「真珠湾攻撃という愚かな選択をしたか」について書こうと思ったか。それは今の日本が、日露戦争から真珠湾攻撃へ至る「いつか来た道」を歩んでいると考えるからです。

なぜそう考えるのでしょう？　まずその説明から始めたほうがいいと思います。

私は今、日本の進む道に大変な危機感を持っています。

原発の再稼働、TPP（環太平洋戦略的経済連携協定）への参加、消費税の増税、集団的自衛権、特定秘密保護法など、これらは日本の生き方を根本的に変える動きです福島原発事故で、地震がとてつもない危険をもたらすことを示しました。しかし川内《せんだい》原発などの例に見られるように、日本は再稼働しようとしています。

また、TPPは日本の国家主権をなくしていく動きです。TPPは関税引き下げが一番の目的ではありません。外国企業の利益を確保することが最重要なのです。

政治の判断は人命や、健康や、低所得者保護や地方振興などさまざまな要因で行なわれます。しかし、TPPは単純明快、企業の利益を確保することが唯一と言っていい基準です。TPP参加の国が法律や裁判所の判決や国家や地方自治体の行政で、人命や、健康や、低所得者保護や地方振興などを守ることを実施したとします。この政策で外国企業（米国が中心）の利益が侵《おか》されると想定されていたとするとどうなるでしょう。外国企業は、世界銀行傘下の仲裁裁判所に訴えます。この裁判所は、企業の利益が侵されたか否《いな》かの視点のみで裁判します。人命を守るため必要だったか否かは問いません。そして巨額の賠償《ばいしょう》を求めます。一件、一億ドル以上の賠償金が求められるのです。

そして集団的自衛権は、日本を守ることと関係なく、自衛隊を米軍のために使わせる制度です。

宮崎礼壹《みやざきれいいち》元内閣法制局長官は、「世界」二〇一四年八月号で、次のように断定しました。

集団的自衛権も「自衛権」というのだから、各国の持つ自己防衛権の一種ではないのか、と考えてしまう人が多い。しかし、違う。（略）

集団的自衛権とは、「自国が直接攻撃されていないにもかかわらず」、「自国と密接な関係にある外国〔孫崎注：つまり米国〕に対する武力攻撃が起きた場合にこれを実力をもって阻止・反撃する国際法上の地位ないし権利」である〔略〕二〇〇四年六月一八日政府答弁書）。（略）「自己防衛の権利」である「個別的自衛権」とは、定義からしても、実態から見ても、異質なものなのである。

宮崎礼壹氏は単なる評論家ではありません。政府の法律に最終的な責任を持ってきた元内閣法制局長官です。

日本の政治を「最大多数の最大幸福」を求める物であると定義するならば、日本は今、逆の道を歩みはじめました。

なぜ、原発の再稼働、ＴＰＰへの参加、消費税の増税、集団的自衛権、特定秘密保護法など、日本の生き方を根本的に変える「戦後最悪の愚策」を行なおうとしているのでしょうか。

そしてこれらの政策を進める人々はこれら「戦後最悪の愚策」を推進するに当たって、

その政策を「嘘」と「詭弁《きべん》」で固め、「嘘」が明確になっても、まったく平然としています。

原発にせよ、TPPにせよ、消費税の導入と放漫財政にせよ、集団的自衛権にせよ、国家的利益（この場合、最大多数の最大幸福を追求するのが国家の最高使命と定義します）の視点で考えれば、絶対に行なえない選択をしています。

実は怖いのは、この政策は自民党であれ、民主党（当時）であれ、安倍晋三《あべしんぞう》首相であれ、その後に続く人が麻生太郎《あそうたろう》さんであれ、石破茂《いしばしげる》さんであれ、続いていきそうなのです。

明らかに間違った方向を日本がひたすら進む、どうしてそんなことが起こるのでしょうか。

ジャーナリストで政治学者であるカレル・ヴァン・ウォルフレン氏は日本研究の第一人者です。彼は二〇一四年『日本に巣喰う4つの〝怪物〟』（井上実訳、角川学芸出版）という本を書きました。ここで彼は、

「日本のメディアは（略）極めて重要な〝怪物〟である。（略）ほかの怪物たちを活性化させる役割を果たしているからだ。メディアの働きなしに、こうした怪物たちは現在のよう

に脅威を与える存在には決してならなかっただろう。（略）

主流派メディアが当然果たすべき、不可欠な役割がある。それは、民主主義を守るということだ。

以前私は、日本に真の民主主義を実現させるうえで最大の障害は、おそらく日本の主要全国紙だろうとする見解を発表したことがいく度となくある」

と記載しました。

彼が指摘するように、メディア一つ取っても日本は民主主義から離れる道を歩みはじめています。

日本は今、大変な曲がり角にあります。

日本の社会の中に、おかしいと思う人がいないのでしょうか。

当然います。

社会のあちらこちらに、原発や、ＴＰＰや集団的自衛権に警告を発する人がいます。さらに、原発差し止めを司法の場に訴える人もいます。ＴＰＰ交渉についても、交渉差し止め訴訟の動きがあります。集団的自衛権についても、「国民安保法制懇」が二〇一四年七月一日の「集団的自衛権は合憲」とする閣議決定に反対の声明を行ないました。この会には何と、大森政輔《おおもりまさすけ》元内閣法制局長官や柳沢協二《やなぎさわきようじ》元防衛庁官房長まで入っています。

このように、今の動きをおかしいと述べる声はあります。

しかし、実際に物事を動かす政策決定の中枢部に行けば行くほど、思考停止をし、憑《つ》かれたように、愚策を追求しています。

「こんな時代がなかったろうか」と考えてみると、まさにありました。真珠湾攻撃のときです。

当時、軍需産業の基盤になる製鉄生産高で日米の格差が一対一〇でした。さらにドイツと日本の動きに危機感を持ったルーズベルト米大統領は議会に航空機の生産を年五万機とすることを要請しています。

一〇倍も多い武器を作れる国に、こちらから戦争を仕掛けているのです。それも相手が日本に危害を加えたわけでもないのに、です。

日本が米国と戦争するなんて、あり得ない選択です。しかし日本はそれを実施しました。

「真珠湾攻撃への愚」と今日の「原発、ＴＰＰ、消費税、集団的自衛権の愚」とを比較してみますと、驚くべき共通性があります。

①　本質論が論議されないこと
②　詭弁、嘘で重要政策がどんどん進められること
③　本質論を説き、邪魔な人間と見なされる人は、どんどん排除されていくこと

排斥《はいせき》するためには、戦前はテロという手段で物理的に抹殺《まっさつ》しました。実に的確に重要人物を暗殺しています。今日はより巧妙です。邪魔な人間を政治の場、言論の場から排斥していきます。

一番簡単なのはポストから外すことです。さらにメディアを利用し、嘘、誇張で駆逐《くちく》し、特定の人物の信頼性を壊す「人物破壊」という手段が使われています。

私は本書を書くに当たって、心掛けたことがあります。それは、「できるだけ当時の人の考えを紹介しよう」「考える材料を提供しよう」というものです。

幸い私には時間があります。**私が文献を探し求めて、「多くの人に考える材料を提供しよう」、そう心掛けました。なぜなら、結局、国の政治は国民のレベルに合った政治しか得られないからです。**

これまで、日露戦争から真珠湾攻撃までの歴史について、数多くの本が書かれてきましたが、この本では「なぜ真珠湾攻撃という愚かな道を歩んだか」という視点に絞りました。それによって、明確な糸が見えると考えたからです。

この本の特色は、私が解説することを主眼にしたものではない、というものです。できるだけ多く、当時の人々の発言を紹介していきます。後世の人間が「後知恵」で解説するのでなくて、当時の人々自らの声で歴史を語ってもらいたいからです。

そして歴史にはいろんな選択肢があった、異なった道があった、その中でなぜ真珠湾攻撃という選択をしたのかを考えてほしいのです。

与えられた解答は身につきません。自分で考えた物が身につきます。

私は少し、碁《ご》をします。最近、詰碁《つめご》の意味に気づきました。正解を知ることではないのです。考える訓練をすることなのです。

今日の外交論はあまりにも「キャッチフレーズ」外交論です。選択に至る過程がすっ飛んでしまっています。考える材料を提供できればと思っています。

この本を書く過程で多くの人の本を読みました。数々の史料・資料に当たりました。

その中に、森島守人《もりしまもりと》著『陰謀・暗殺・軍刀』（岩波新書）もありました。森島守人は外務省員で、柳条湖《りゅうじょうこ》事件の際、中国東北部で軍部に刀で脅《おど》かされています。その彼が次のように書いています。

チャーチルは「近代生活に対する民衆の影響」と題する論文中において「国民の歴史でも、個人の経験でも、絶えず起る偶然な出来事が、決定的な働きをしている。例えば、あの命令がなかったならばとか、あの攻撃がなかったならばとか、あの馬が転ばなかったならばとか、あの列車に逢わなかったならばとか、われわれの人生行路はそんな些細なことで、まったく変ったものになり得る。そして自分の運命の変化に伴うて、他の人達の運命も変るであろうし、だんだんにそれが広って、全世界の動向も変って来るのである。

若い平凡人の日常生活が、そんな影響を持つとすれば、もっと剛い人達、例えば大思想家、大発明家や軍司令官の周辺に起る偶然が、どんな大きな影響を歴史に及ぼすか想像に難しくない。」（昭和二十四年三月号「心」）

と述べているが、幾多の事件に際して、日本政府のとった無雑作な決定や、出先の専断的行為が、日本の運命に至大な影響を与えた点から見ても、容易に首肯《しゅこう》し得る。この点において私等外務省に勤めたものは、より強く、より正しかるべきであったと、過去を顧みて自責の念に堪《た》えない。

後で出てきますが、森島守人は軍部と激しくやり合っています。しかしその彼ですら、「より強く、より正しかるべきであったと、過去を顧みて自責の念に堪えない」と回顧しています。

もう一人、同じく開戦当時まだ若く、上海《シャンハイ》大使館一等書記官であった曾祢益《そねえき》（戦後国会議員）は著書『私のメモアール』（日刊工業新聞社）の中で、「**上海における太平洋戦争の開幕を目の当りに見ても、**（略）**これをくい止めることのできない無力さと口惜しさというのは胸にこたえた**」と記述しています。

今、自民党政権の原発再稼働や、ＴＰＰや、集団的自衛権等の政策を見ている人の中には、日本が歴史の曲がり角にいて、行くべきでない道のほうへその変化がどんどん進んでいくことに対し「これをくい止めることのできない無力さと口惜しさ」を感じている人もいるのでないかと思います。

「より強く、より正しかるべきであったと、過去を顧みて自責の念に堪えない」――今、そのときにあるのでないでしょうか。

日米開戦の正体（上）

目次

日米開戦の正体（上）
目次

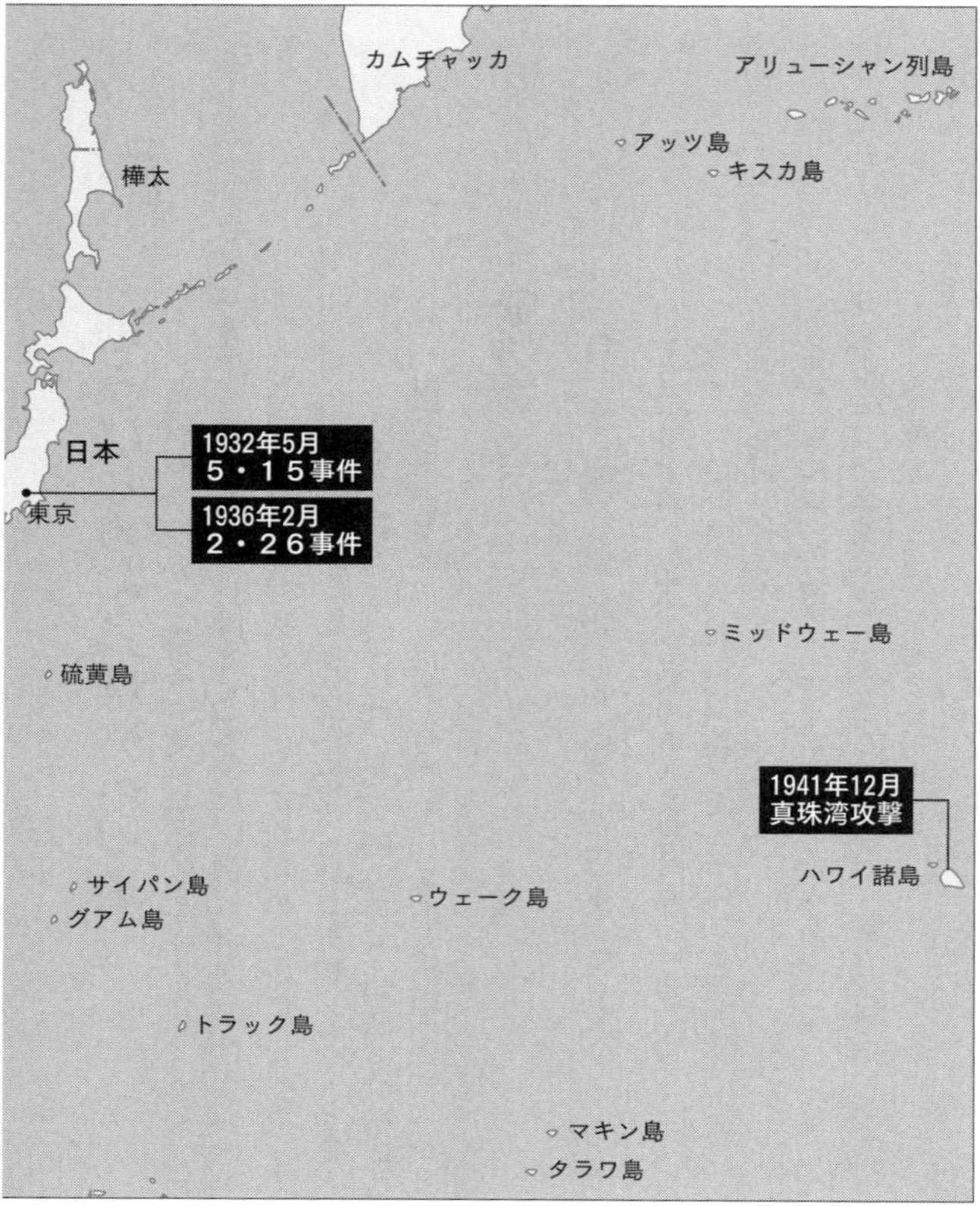
カムチャッカ
アリューシャン列島
樺太
アッツ島
キスカ島
日本
1932年5月
5・15事件
東京
1936年2月
2・26事件
ミッドウェー島
硫黄島
1941年12月
真珠湾攻撃
ハワイ諸島
サイパン島
グアム島
ウェーク島
トラック島
マキン島
タラワ島

太平洋域をめぐる本書関連地図

［序章］

なぜ今、真珠湾への道を振り返るのか

真珠湾攻撃とは何だったのでしょう。
この歴史から、何を学べばいいのか考えてみたいと思います。

1941年12月8日（日本時間）、日本海軍は真珠湾攻撃に向かった。写真は、空母デッキで出撃準備をする攻撃部隊
©The Granger Collection／amanaimages

歴史こそ人間の行動の実験室です

私たちはなぜ歴史を省《かえり》みるのでしょうか。

坂本龍馬《さかもとりようま》や織田信長《おだのぶなが》には何となくロマンがありそうです。司馬遼太郎《しばりようたろう》の『竜馬《りようま》がゆく』は総発行部数が二五〇〇万部と言われています。徳川家康《とくがわいえやす》は経営者に人気が高く、山岡荘八《やまおかそうはち》の『徳川家康』は総発行部数三〇〇〇万部と言います。

歴史は人間を描く格好の土俵です。NHKの大河ドラマを見ても、「軍師官兵衛《ぐんしかんべえ》」「八重《やえ》の桜」「平清盛《たいらのきよもり》」「江《ごう》～姫たちの戦国～」「天地人《てんちじん》」「篤姫《あつひめ》」「風林火山《ふうりんかざん》」「功名《こうみよう》が辻《つじ》」「義経《よしつね》」「新選組《しんせんぐみ》！」と続きます。いかに歴史が人々の関心を引いてきたかが解ります。

視点を少し変えてみますと、欧米では歴史教育が重視されています。日本では法律や経済などどちらかというと実務向けの学部が多い状況ですが、欧米では、なぜ歴史教育が重視されているのでしょうか。

英国オックスフォード大学で最も伝統ある学部が歴史学部です。今日、歴史学に一〇〇名の教師陣を揃えています。学部生一五〇〇名、大学院生五〇〇名、凄《すご》い規模です。米国でも、名門イエール大学の歴史学部は最も権威ある学部で、学生の一五～二〇％が歴史を専攻します。

歴史を学んで、すぐに会社で役に立つとは思えません。実務から遠い歴史を学ぶことが、なぜ、欧米の大学で重視されるのでしょうか。

米国歴史協会のサイトに掲載されているピーター・N・スターンズ（歴史学者。ジョージ・メイソン大学教授）の論評、「なぜ歴史を学ぶか」（Why Study History?）が一つの答えを出しています。

「歴史は人間や社会がどう動くかを示す情報の倉庫である」

「人間の行動を実験するわけにいかない。歴史こそ実験室といえる。歴史だけが人間、社会の行動の広範な証拠を提供してくれる」

歴史は人間社会がどう動くかを理解するために貴重なのです。

歴史は昔を知るためだけの学問ではありません。今を理解するためです。

残念ながら日本では歴史と言うと、「何年に誰が何をしたか」を覚える「暗記科目」と見られています。

欧米で歴史を学ぶ者にとってトゥキュディデス（ツキュディディス）の『歴史』は必読書です。

ハーバード大学のジョセフ・ナイ教授は二十世紀後半の代表的な国際政治学者ですが、

彼は『国際紛争』(田中明彦、村田晃嗣訳、有斐閣)で次のように記述しています。

〔国際政治経済学者の〕ロバート・ギルピンは、「真面目に考えてみて、国家の行動について、20世紀の国際政治学者が知っていることで、ツキュディディスや紀元前5世紀のギリシア人が知らなかったことなどあるのだろうか」という疑問を発した後、自らこう答えている。「究極的に言えば、国際政治は依然としてツキュディディスが特徴づけた通りのものなのだ」

アテネはスパルタと戦争し、結局崩壊していきます。古代ギリシアの歴史家であり、アテネ全盛期に生きたトゥキュディデスは、「アテネ崩壊へと導いた戦争が本当に不可避だったのであろうか」と問い続けています。

歴史は年代や人名を覚える学問ではないのです。

歴史とは、出来事を通して、人間や国家の行動を問う学問だと思います。

「なぜその選択をしたのか」「他に選択の余地がなかったのか」を問う学問だと思います。

外交も極めて人間臭い分野です。外交を考える上で歴史を学ぶことは必須です。外務大臣であった石井菊次郎《いしいきくじろう》(一九一五年から一六年にかけ外相)もまた、歴史の重要性を認識した人です。

「所謂《いわゆる》外交の指南車とは果たして何であらうかといへば、それは歴史であり外交史であると思ふ」（石井菊次郎『外交回想断片』、昭和十四年）

なぜ今真珠湾攻撃を学びたいと思ったのか。

それは、真珠湾攻撃が日本の歴史上最大の愚挙だからです

ジェフリー・レコード著『アメリカはいかにして日本を追い詰めたか』（渡辺惣樹訳、草思社）という本があります。米国陸軍戦略研究所（U.S.Army War Collage, Strategic Studies Institute）内のレポートの訳です。この本の評価は別として、冒頭、米国陸軍戦略研究所所長ダグラス・C・ラブレースが言葉を寄せています。

日本が一九四一年に下した米国攻撃の決断はまったく合理性に欠け、ほとんど自殺行為であったと考えられている。アメリカは日本の十倍の工業生産力を持っていた。もちろん日本がアメリカ本土を攻撃することなど、できるものではない。そんな国と戦って日本は勝算があると考えたのだろうか。**太平洋方面の戦争でわが国と戦えば、**

負けることはわかりきったことだった。日本がわが国と戦うと決めた歴史的事実をいったいどう説明したらよいのだろうか。

そして本編では、著者ジェフリー・レコード博士は次の証言を引いています。

ディーン・アチソンは一九四一年には国務次官補であり、経済問題を担当していた。彼は真珠湾攻撃以前に次のように語っていた。

「わが国を攻撃すれば、日本にとって破滅的な結果になることは、少し頭を使えばどんな日本人にでもわかることだ」

その通りだと思います。日本の一〇倍の工業生産力を持った米国と戦争すれば、「少し頭を使えば破滅的な結果になる」ことは解るはずなのです。

しかし、当時の国家の中枢の人は詭弁《きべん》を使いました。「民主主義国家の米国は長い戦争に堪えられずに途中でやめる」という詭弁で、日本を破壊に導きました。

日本は真珠湾攻撃に突入し、自らの選択で第二次大戦に入っていきました。

あらためて、戦争被害を見てみたいと思います。高校の日本史の教科書で採択率が圧倒的に高い山川出版社の『詳説日本史』から引いてみましょう（『詳説日本史』からの引用は二〇一三年版を基準としています）。

「空襲は全国の中小都市にもおよび、内務省防空総本部の発表によれば、被害は家屋の全焼が約221万戸、死者約26万人、負傷者42万人に達し、主要な生産施設が破壊された」

「沖縄県援護課の資料によれば、死者は軍民あわせて18万人余りにのぼった」

さらに『史料・太平洋戦争被害調査報告』（中村隆英、宮崎正康編、東京大学出版会）を当たってみましょう。

・太平洋戦争における死者は、厚生省の発表によると三一〇万人余（内軍人軍属二三〇万人、沖縄住民を含む在外邦人三〇万人、内地での戦災死者五〇万人）と考えられている。

・国富〔＝国の正味資産の総額〕被害は、総計約六五三億円。

・全国の直接的物的被害総額四八六億円。仮に、日銀の卸売物価指数の倍率でみると、最近値（一九九五年）で全国約一〇兆円。繊維工業の敗戦時の設備能力は昭和一六年末の二〇－四〇％台、化学工業のそれは昭和一六年末の三五－六〇％台に縮小した。

今上天皇《きんじょう》（現在の上皇）もまた、二〇一三年十二月、八〇歳の誕生日に際しての記者会見で「この戦争による日本人の犠牲者は約三一〇万人と言われています」と発言されました。

この被害を招《まね》いた契機は真珠湾攻撃です。ですから真珠湾攻撃は日本最大の愚策なのです。

歴史的に見ると、指導者が示す方針は次の図式が成り立っています。

① **指導者が嘘や詭弁の説明をする**
② **この嘘や詭弁で、本来は国民が望まない方向に政策を誘導する**
③ **マスコミが調べれば嘘や詭弁であることが解るのにそれを検証せず、嘘、詭弁の拡散に努める**
④ **国民はこの嘘や詭弁を信じ（信じるふりをし）政策を容認する**

これと同じ過程こそ、「真珠湾攻撃への道」の本質です。戦後、指導者が詭弁を弄《ろう》して国を誤る方向に導こうとしたのは今に限った話ではないと、反論する人もいるかもしれません。しかし、現在ほど亡国の危機に瀕《ひん》する状況に陥《おちい》ったことはありませんでした。

一九四五年八月十五日、トルーマン大統領は対日戦における空襲の効果について調査を命じます。「米国戦略爆撃調査団」による調査です。

調査委員会の定員は文官三〇〇名、将校三五〇名、下士官五〇〇名です。大変な大部隊です。副委員長として「二十世紀においてその著作が最も読まれた経済学者」と言われたジョン・ケネス・ガルブレイスが参加しています。

真珠湾を攻撃した理由、日本が降伏を決定するに至った経緯などを調べるために、調査団が日本に入り、東京、長崎をはじめ各地で、軍人、政治家、財界人そして一般市民への聞き取り調査を行ないました。その調査とともに、多くの関係文書を押収し、一九四六年七月までに一〇八巻の報告書を完成させます。

一九四六年、この調査報告書は、日本がなぜ真珠湾攻撃という道を選択したのか、その理由を次のように記述しています。驚くべき内容です。

　開戦並びにフィリピンなどに侵攻するという（日本の）最終的決定は重要な地位にある全陸海軍指導者並びに政府要人の完全なる意見の一致と積極的な承認によって定められたのである。実際に一九四一年十月までに行なった次のごとき情勢判断に基づいている。

Ａ　満州側面におけるロシアの脅威はドイツ軍のヨーロッパにおける圧倒的勝利によって消滅した。

Ｂ　大英帝国は挽回することのできないほど守勢的立場にある。

Ｃ　米国およびその連合国が直ちに太平洋に展開し得る兵力、特に空軍兵力は、十分に訓練されかつ動員された日本軍を阻止することが困難である。三、四カ月のうちに日本軍はビルマ、スマトラ、ジャワなどそれから北に延びて千島に至る線で囲まれる全地域を占領し得るであろう。

Ｄ　ビルマ公路を切断された支那は孤立し和平を乞うであろう。

Ｅ　大英帝国の援助にやっきになり、さらに真珠湾攻撃により痛撃を受けた米国は来るべき一八カ月乃至二カ年のうちには攻撃を取るに十分なる兵力を動員し得ない、この期間に円周防御線を堅固に構築し、かつ必要な前進飛行場並びに基地飛行場を建設することが可能となる。

Ｆ　これら占領された強固な防御が戦争を継続する米国の決心をにぶらす反面、日本はボーキサイト、油などを獲得し、これらの物資を日本に輸送して加工し日本の生産並びに軍事機構を補給強化し得る。

G　民主主義国家としての米国の弱点は強烈に抵抗する日本の陸海軍人並びに飛行士によって与えられる大損害並びに連合国の脱落に直面しては全面的攻勢を維持することができない。従って米国は妥協して日本が最初に占領した地域の領有を許すであろう。

報告書のAからGを見てどう感じられたでしょうか。日本はAからGを根拠に、真珠湾攻撃を最終決定したというのです。

驚くことに、日本が行なった情勢判断はほとんどみな、間違っています。しかし、「開戦並びにフィリピンなどに侵攻するという最終的決定は重要な地位にある全陸海軍指導者並びに政府要人の完全なる意見の一致と積極的な承認によって定められた」のです。

では当時、AからGの結論に至るのは当然のことだったのでしょうか。

真珠湾攻撃の翌日、**ルーズベルト大統領は議会で対日宣戦を布告する演説**をしています。

「昨日、一九四一年十二月七日――この日は汚名の下に残り続けることでしょう。アメリカ合衆国は日本帝国の陸軍、海軍による、計画的にして突然の攻撃を受けました。

合衆国は日本と平和的な関係を築いていました。しかも日本の要請に応じ、太平洋の平和維持を命題として日本政府や日本の天皇と対話を重ねてきてもいました。（略）

私は陸海軍の最高指揮官として、国家防衛のためにでき得るすべての手段を講ずるよう軍に命令を下しました。この命令に基づくわが軍の行動により、合衆国の全国民は日本が我々にどれほどの猛攻撃を仕掛けたかということを、ずっと記憶に留めるでしょう。

日本の計画的な侵略を打ち破るのにどれほど長い時間を要するとしても、我々アメリカの人民には正義の力が宿っています。アメリカは絶対的な勝利を手にするのです。

我々は自らを防衛するのみならず、**こうした日本の背信行為が二度と脅威とならぬようにすべきです。**私はそう強く主張します。この私の主張に同意くださり、議会および国民の意思が形成されると私は確信しております」

ルーズベルト大統領は「正義」を訴え、「どれほど長い時間を要するとしても」「絶対的な勝利」を強く誓いました。当時の米国指導者層の発言を見れば、当然出てくる内容でした。

一九四一年八月、ルーズベルト大統領とイギリスのチャーチル首相が発表した大西洋憲章では、「『ナチ』の暴虐の最終的破壊の後」という文言が入っています。これはナチスだけではなくて、三国同盟の一員である日本も入ります。

しかし日本のアメリカに対する評価は「民主主義国家としての米国の弱点は強烈に抵抗する日本の陸海軍人並びに飛行士によって与えられる大損害並びに連合国の脱落に直面しては全面的攻勢を維持することができない。従って米国は妥協して日本が最初に占領した地域の領有を許すであろう」と、一八〇度逆のことを述べています。

嘘なのです。

情勢判断や見通しを一八〇度誤るほど、日本の指導者は無知だったのでしょうか。

そうではないでしょう。当時でも嘘であることは解ることなのです。

まさに「嘘だ」と解ることをあたかも事実のようにして推し進める、この体質が真珠湾攻撃に突き進んだ一番の問題だと思います。

実はその現象は、まさに、今の日本にも当てはまるのです。

集団的自衛権、TPP、原発再稼働、消費税などに使っている論理と同じなのです。一番重要な論点を避ける。歪《ゆが》める。そしてあり得ない事実や、さして重要でない側面を強調し、本来取るべきでない政策を進める、それが今日の日本で強烈に復活しているのです。

私たちはどうして時の政権にやすやすと騙《だま》されるのでしょうか

日本の指導者はどうして一八〇度違うことを堂々と言えるのでしょう。
そして国民はそれを唯々諾々《いいだくだく》と受け入れるのでしょう。
最も明快にその回答を与えてくれたのが伊丹万作《いたみまんさく》氏です。
伊丹万作氏は終戦の翌年一九四六年に「戦争責任者の問題」という論を発表しました。
「騙される国民」を鋭く批判しました。要点を抜粋します。

・多くの人が、今度の戦争でだまされていたという。おれがだましたのだといった人間はまだ一人もいない。日本人全体が互にだましたりだまされたりしていた。
・新聞報道の愚劣さや、町会、隣組、警防団、婦人会といったような民間の組織がいかに熱心にかつ自発的にだます側に協力していたか。
・専横《せんおう》と圧制を支配者に許した国民の奴隷根性とも密接に繋《つな》がる。
・我々は、いま政治的には一応解放された。しかしいままで、奴隷状態を存続せしめた責任を軍や警察や官僚にのみ負担させて、彼らの跳梁《ちょうりょう》を許した自分たちの罪を真剣に反省しなかつたならば、日本の国民というものは永久に救われるときはないであろう。
・**「だまされていた」といって平気でいられる国民なら、おそらく今後も何度でもだ**

まされるだろう。

日本は今、伊丹万作氏が言う、「『だまされていた』といつて平気でいられる国民なら、おそらく今後も何度でもだまされるだろう」という時代に入っています。日本は戦前に似《に》通《かよ》った時代に入っているのです。

伊丹万作氏と言ってもご存じない方がおいでになると思います。伊丹十三《じゅうぞう》氏の父です。伊丹万作氏は映画監督、脚本家で日本映画の代表作「無法松《むほうまつ》の一生」の脚本を書いています。

彼は一九四六年九月二十一日に亡くなっていますから、「戦争責任者の問題」は遺書のようなものです。

なぜ騙されることを選択するのか。「認知的不協和」論が参考になります。属する組織が「政権と協調する」という選択をすれば、政権と異なる見解を選択しないことで個人の一体性を保とうとします

レオン・フェスティンガー（米国の心理学者）は認知的不協和を唱えています。

「認知的不協和」論は、「複数（通常は二つ）の要素の間に不協和が存在する場合、一方の要素を変化させることによって不協和な状態を低減または除去する」というものです。

代表的な例として、「喫煙者の不協和」があります。

認知A：Xは喫煙をしている。

認知B：「煙草を吸うと肺ガンになりやすい」という説がある。

Xは「煙草を吸うと肺ガンになりやすい」ことを認識しつつ「煙草を吸う」という行動は取りにくいのです。「認知的不協和」が発生するのです。

Xはこの不協和を除く方法を取ります。

一つは煙草を吸うという行動を止めることです。そうすると調和が取れます。

いま一つは、煙草を止めるという行動が取れない場合、「煙草を吸うと肺ガンになりやすい」論を否定するように動きます。「喫煙者で長寿の人もいる」や「交通事故で死亡する確率のほうが高い」という新たな認識を加えることで、「煙草を吸うと肺ガンになりやすい」という認識の重要度を低め、認識間の矛盾を軽減するのです。

これと同じことが政治の場で起こっています。

認知A：Yは政府と協調を図るべきだという仕事環境にいる。かつ政府は原発再稼働を進めている。

認知B：原発で最も危険なものは地震であり、地震多発国の日本では事故を招く可能性が高い。

Yは認知Aと認知Bとを共に持つことは彼の内部に不協和を起こします。

Yは「政府と協調を図るべきだという仕事環境にいる」という認識を変えることができません。

それでどうするか。

認知Bの重要性を低めるのです。日本の長期エネルギービジョンであるとか、エネルギーコストは安い（これは嘘）とか、石油の輸入で貿易赤字が増えたとか、CO_2の削減には石油依存度を下げなければならないとかの論を求めて、「原発で最も危険なものは地震であり、地震多発国の日本では事故を招く可能性が高い」という論の重要性を下げるのです。

ここに詭弁の出てくる所以《ゆえん》があるのです。

詭弁を必要としているのです。

原発や、TPPや集団的自衛権の問題で、普通の人と話すと危険性はすぐ理解してもらえます。別に「認知的不協和」を起こすわけではありません。

しかし、重要な仕事に就《つ》いていると認識している人は、これらを受け入れると、自分は政権と密接な立場にいるという自覚と「認知的不協和」を起こすのです。

具体的に見てみましょうか。

二〇一四年十月二十八日、川内《せんだい》原発が立地する鹿児島県薩摩《さつま》川内市の市議会と岩切秀雄《いわきりひでお》市長は、同原発の再稼働にそれぞれ同意しました。安全性を問われた岩切市長は「福島で起きた津波や地震、原発事故に対応するのは十分、〔新基準ができたので〕一〇〇%と言っていいと私は信じている」と述べ、再稼働の決定をします。「認知的不協和」を取り除くために「一〇〇%〔安全〕と言っていいと私は信じている」という解釈を採用するのです。新基準では地震対策は基本的に将来の検討課題としており、現状で福島級の地震に十分対応できるというのは難しいと思います。

「認知的不協和」論は、国会議員や高級官僚や大手企業の方々に当てはまります。

もっとも「認知的不協和」論は学界で支持する人は少ないと人は言います。あまりに真実に近くては具合が悪いのです。

ライシャワーの説は、日本人は「権威に弱い国民」「全体主義の無差別奴隷社会」というものです米国での日本研究の第一人者はエドウィン・O・ライシャワーです。ハーバード大学教授で、一九六一年から一九六六年まで、駐日アメリカ大使でした。一九四一年には国務省の依頼を受けて極東課で働き、十二月の第二次世界大戦へのアメリカの参戦、日本との開戦後の一九四二年にはアメリカ陸軍通信隊の依頼で日本語の翻訳と暗号解読のための学校を設立し、アメリカ陸軍の参謀部情報に少佐として入隊し、一九四三年には、日本軍の暗号解読や心理戦などの対日情報戦に従事しました。

ライシャワーは、日本の真珠湾攻撃への道は軍人支配にあると見ていますが、なぜ日本社会が軍人支配を許したかについて考察しています。

彼は、日本人は「権威に弱い国民」「全体主義の無差別奴隷社会」と位置づけました。軍国主義は危険な方向を目指していると知りつつ、多くの国民はそれを容認しました。

この指摘は、今日の日本につながるものがあると思います。

ライシャワーは著書『日本《過去と現在》』（鈴木重吉訳、時事通信社）で、次のように述べています。

当時の日本において、国家主義的《ナショナリスチック》かつ権威主義的な反動が起こったことの裏には、当然ながら、数世紀にわたって形成された日本人のある特質があった。ナショナリズムはつねにくすぶりつづけており、さしてあおり立てずともそれは再び大きく燃え上がったし、幾百年もの武家政治の下にあった日本人は、軍国主義者の主導権主張を唯々としてうけいれた。幾世紀もの間の権威政治におとなしく服していたせいで、**たいていの日本人は、再び権威政治を押しつけられることになってもほとんど無関心であった**。事実、彼らの多くは、せっかく手に入れた知的・政治的自由にぎこちなさを感じて、むしろもう一度天下り的権威のもとで感情的な安住を得たい、とさえ考えていたのであった。封建時代から引きつづき残っていた、このような根強い性質が影響したのでなければ、一九三〇年代のあの反動は起こり得べくもなかったろう。しかし、反動そのものが封建政治への復帰という形をとったわけではない。高度に近代化した工業国が、そのような形で過去に逆戻りすることはあり得なかった。日本が選んだのは、かつて西洋のいくつかの国が進んだ道であった、すなわち、それらの国々では、日本と同様、過去の権威政治の精神的遺産が工業化された現代までその息吹きをつづけ、さらに工業化された現代にまで溶けこみ、ファシズムであれ共産主義であれ、全体主義の無差別奴隷社会を創り出していたのである。

「真珠湾への道」の最大問題は軍人の独走を許したことにありますが、なぜ日本社会はこれを止められなかったのかという点について、ライシャワーは「日本社会の権威への従属」を指摘しました。

今日また、その弊害が出てきているようです。

［第一章］

真珠湾攻撃を始めたかったのは、誰なのか？

当事者の声から、真珠湾攻撃に対するそれぞれの立場を見ていきます。
日本、米国、英国はどのような思惑を持って、戦争を考えていたのでしょう。

真珠湾攻撃約４カ月前の1941年8月、英国首相チャーチル（前列右）と米国大統領ルーズベルト（同左）の秘密会談が、大西洋上で行なわれた
©ZUMAPRESS／amanaimages

当時の人々は、真珠湾攻撃に対してどのような立場を取っていたでしょう

なぜ米国と戦争するという馬鹿《ばか》な選択をしたのでしょうか。

異論を述べた人はいなかったのでしょうか。いました。しかし、異論を挟《はさ》むことは犠牲の上に行なわれなければならないことでした。それでも、物を申す人はいたのです。一つの例をまず見てみたいと思います。

石田禮助《いしだれいすけ》は戦争に反対して三井物産社長を辞任しています

真珠湾攻撃の決定に何らかの形で関与したのは軍人、政治家、外務省員などですが、**当時の三井物産社長の石田禮助**も関係しています。

彼の経歴を見てみましょう。

一九三九年（昭和十四年）　代表取締役社長に就任。

一九四一年（昭和十六年）　退社。

退社した一九四一年と言えば、真珠湾攻撃の年です。三井物産の社長が何か関係していたのでしょうか。していたのです。

城山三郎著『「粗《そ》にして野《や》だが卑《ひ》ではない」』（文春文庫）に次の場面があります。


　昭和一六年十月十五日。

　三菱重工業社長・郷古《ごうこ》潔《きよし》、三菱商事会長・田中完三《たなかかんぞう》、王子製紙社長・高島菊次郎《たかしまきくじろう》、日本鋼管社長・浅野良三《あさのりょうぞう》、第一銀行常務・渋沢敬三《しぶさわけいぞう》らが、ひそかに工業倶楽部へ集まった。

　石田自ら電話をかけて、そこへ招集したのである。（略）

　石田は言った。

「なんとかして戦争にならぬようにする道はないかと諸君に相談したく、きょうきてもらった。われわれはこれまでの日米の交渉の経緯を知らぬゆえ、戦争すべしとも、

◎**石田禮助**（いしだれいすけ／一八八六－一九七八）
実業家。東京高等商業学校卒業後、三井物産に入社。ニューヨーク支店長などを歴任し一九三九年、代表取締役社長に就任するが、二年後には日米開戦に反対を表明して退社。戦後の公職追放処分を経て六三年、財界出身者としては異例の国鉄総裁（第五代）となる。無報酬で総裁を務め、国民から支持された。

すべからずともいえぬが、戦争をすれば、十中八九負けるということを頭において日米の交渉をしてもらいたい。事情が許すなら、万難を排して戦争にならぬように持っていきたいということを、東条〔＝東條英機《とうじようひでき》。当時陸軍大臣〕さんに申しあげたいと思う」

全員が賛成し、工業倶楽部理事長の井坂孝《いさかたかし》に代表して進言してもらうことにしたが、（略）すでに開戦は決定されており（略）代りにそれぞれ個人で運動することになった。

浅野が天皇の側近ともいえる木戸幸一《きどこういち》に、石田は海軍大将岡田啓介《おかだけいすけ》に訴えた。石田はさらに、ニューヨーク時代に面識のある高松宮《たかまつのみや》から天皇へ訴えてもらおうと、資料を持参して、宮を訪ね、二時間以上にもわたって陳情した。

どこからも反応はなかった。そして、唯一の反応が石田が三井《みつい》高公《たかきみ》に呼ばれたことである。石田はその場で辞表を書いてくる。

石田禮助は「日本が米国と戦争するのは無謀だ」と進言して、三井物産の社長を辞めたことになります。もっとも、石田社長が高松宮へ行なった選択が正しかったか疑問が残ります。昭和天皇は、「高松宮は海軍将校で、戦争開始論に与《くみ》している」と見ています。

石田禮助は戦後一九六三年から六九年まで国鉄総裁を務めています。

石田が国鉄総裁に就任した後、国会の初登院での言葉が「粗にして野だが卑ではない」です。石田は、麻布《あざぶ》中学から東京高等商業学校（現・一橋大学）に進み、三井物産入社後はシアトル、ボンベイ、大連《だいれん》、カルカッタ、ニューヨークの各支店長を経験していますから、決して「野」ではないと思います。

今日、「粗でもなく（東京大学など立派な教育を受けています）、野でもなく（国会や中央官庁を仕事場にしています）、でも卑（対米、権力に隷属する）」が横行しているのを見ますと「粗にして野だが卑ではない」の言葉の価値が光ります。

軍人で日本を負けると予言した人はいなかったのでしょうか。

問題多い人ですが、石原莞爾《いしはらかんじ》は「負けますな」と述べています

軍人で特異な立場に立っていたのが石原莞爾です。「帝国陸軍の異端児」と渾名《あだな》された人です。

真珠湾攻撃への道はさまざまな出来事が積み重なってできてきますが、その重大な節目が一九三一年の柳条湖《りゅうじょうこ》事件です。

満州《まんしゅう》の奉天《ほうてん》（現在の瀋陽市《しんようし》）近郊の柳条湖付近で、日本の所有する南満州鉄道（満鉄《まんてつ》）の線路が爆破された事件です。関東軍《かんとうぐん》はこれを中国軍による犯行と発表し、満州における軍事展開およびその占領の口実として利用しました。これを実行したのが日本軍で、その首謀者が関東軍高級参謀・板垣征四郎《いたがきせいしろう》大佐と関東軍作戦主任参謀・石原莞爾中佐です。

真珠湾攻撃に向かう道の最大の原因は軍人、特に陸軍の横暴です。

「陸軍の横暴」の代表的人物が石原莞爾です。

ところが、この石原莞爾は、真珠湾攻撃の直前、東條英機などの政策を厳しく非難しています。

石原莞爾と、仙台幼年学校、陸軍士官学校、陸大で同期だった横山臣平《よこやましんぺい》が『秘録　石原莞爾』（芙蓉書房出版）に次のように書いています。

石原は（略）昭和十五年十一月〔京都師団長の時〕上京し陸軍中央部を訪れて暴挙を厳しく戒《いまし》めて阻止に当たった。

石原は力説する。

「東條軍閥は石油がほしいので、南方諸島を取ろうとしている。石油のないことは始めからわかりきったことだ。何がない、かにがない、だから他国の領土に手をつけ

る、これは泥棒ではないか。石油がなくて戦争ができないなら、支那《しな》事変は即時やめ

◎**石原莞爾**（いしはらかんじ／一八八九－一九四九）
陸軍軍人。陸軍士官学校から陸軍大学校に進む。最終階級は陸軍中将。関東軍参謀として満州事変と満州国建設を指揮したが、後に東條英機と対立し日米開戦前の一九四一年三月、予備役に編入される。現役引退後は軍事思想家として評論や執筆、講演活動に励み、『世界最終戦論』『国防政治論』などを著わす。

◎**板垣征四郎**（いたがきせいしろう／一八八五－一九四八）
陸軍軍人。北京公使館付陸軍武官の補佐官から関東軍参謀、奉天特務機関長となり、満州事変を主導。満州国軍政部最高顧問、関東軍参謀長、師団長を歴任する。一九三八年、第一次近衛内閣に陸相として入閣。支那派遣軍総参謀長なども務めた。東京裁判でA級戦犯に指定され、絞首刑。

◎**東條英機**（とうじょうひでき／一八八四－一九四八）
陸軍軍人、政治家。陸軍大学校卒業後、スイス、ドイツに駐在。一九三七年、関東軍参謀長に。陸軍次官を経て陸軍大臣。対英米開戦を主張する。四一年十月、陸相と内相兼任で首相となり、日米開戦を決定。戦時総動員体制を敷くが敗色濃厚となり辞職。東京裁判でA級戦犯とされ絞首刑。

るがよろしい。（略）

ヤツらは今南方に手を出そうとしているが、日本海軍には日本本土防衛作戦計画はあるが、南方地域防衛の作戦計画はない、南だ北だ、支那海だといって諸方面の防衛に当れば、本土はガラ空だ。（略）**日本の都市は丸焼けになるぞ。必ず負けるぞ」**

一九四一年九月六日の御前《ごぜん》会議（御前会議とは、天皇臨席で重要国務を審議する会議。この日の御前会議で、開戦の方針を決定）後、石原はすでに予備役でしたが、十月に上京して、陸軍省兵務局長・田中隆吉《たなかりゅうきち》（田中は東京裁判で上海事変を引き起こしたと証言。石原が引き起こした柳条湖事件と連動。上海事変については後で述べます）を東亜連盟同志会（石原莞爾の日本・中国・満州の一体化を目指す「東亜連盟論」に共鳴して発足）に呼んで「ドイツの戦況を有利に判断しているようだが、ドイツは到底ソ連には勝てない」など主戦論の誤りを指摘しました。

思想家の里見岸雄《さとみきしお》は、『闘魂風雪七十年』（錦正社）の中で次のように**石原莞爾の言葉**を引用しています。

「負けますな。（略）**アメリカは一万円の現金を以て一万円の買物をするわけですが、日本は百円しかないのに一万円の買物をしようとするんですから」**

マサチューセッツ大学のマーク・ピーティ教授は著書『「日米対決」と石原完爾』（大塚健洋、大塚優子、関静雄、デイヴィッド・アスキュー訳、たまいらぼ）の中で、石原莞爾が激しく東條英機を糾弾している様子を描いています。

石原は京都帝国大学で京都府知事を含む聴衆に向かって「敵は、中国人でない。むしろ日本人である。自己の野心と功名にかりたてられて、武器をとって立つ東條（英機）と梅津《うめづ》（美治郎《よしじろう》）こそ、日本の敵である。（略）彼らをとらえて銃殺刑にすべきである」と述べた。

石原莞爾は東條から弾圧されますが、当時日本国内に強い支持基盤を持っています。『一皇族の戦争日記』（東久邇稔彦著、日本週報社）によれば、一九四一年一月二十四日、木村武雄《きむらたけお》（注：衆議院議員）らが東久邇宮稔彦《ひがしくにのみやなるひこ》に「この三月の陸軍定期異動で、板垣征四郎、石原莞爾両中将が予備役になる由」と告げていますし、また二月十九日には緒方竹虎《おがたたけとら》（当時朝日新聞主筆）が東久邇宮に「石原莞爾の件はどうなったか」と問うています。

しかし、東條陸相との確執が強く、予備役にされます。

現役を退いた石原は一九四一年四月に立命館《りつめいかん》総長が新設した国防学講座の講師として招

待されますが、時の首相の東條を批判しているのですから、弾圧に遭います。ピーティの『「日米対決」と石原莞爾』は次の内容を記しています。

「彼は『戦争史大観』を書く。しかし、出版予定であった中央公論社《ちゅうおうこうろんしゃ》から、遺憾ながら出版は出来ないという通知を受ける。

立命館大学から出版した『国防論』も絶版にしたと連絡を受ける。

一九四二年九月、立命館大学を辞職する。

職がなく、公的言論活動の基盤がなくなった石原は故郷の鶴岡《つるおか》に帰る」

当然ですが、憲兵と特高警察の圧力が強まったために大学を辞職して故郷の山形県に帰っています。

石原莞爾の評価にはさまざまなものがありますが、第二次大戦の見通しについては完全に石原莞爾の見方が正解です。

彼の広い人脈からして、当時日本の中枢にあった人物はほとんどが彼の論を知っていたと見られます。

「日本は百円しかないのに一万円の買い物をしようとするのですから」は若干誇張気味ですが、日米間では経済的に一対一〇くらいの格差はありました。一九四一年一月五日、日本製鉄の渋沢正雄《しぶさわまさお》氏が東久邇宮殿下に「日本は現在、製鉄の全能力をあげても、年産額は、やっと五百万トンであるが、（略）アメリカは六千万トン」と説明しています（『一皇族の戦争日記』）。

日米戦争は結局のところ、海軍の戦争です。

かなりの海軍関係者はこの戦争は勝てないと見ています。

一人は、海軍大臣から一九四〇年に首相になった米内光政《よないみつまさ》元海相首相です。彼は一九四五年十一月「米国戦略爆撃調査団」に対して「私は当初から、この戦争は成算がないものと感じていました」と述べています（『開戦の原因』サンケイ新聞社出版局）。

同じく、海軍軍令部長を経て、侍従長のときに二・二六事件で襲撃された鈴木貫太郎《すずきかんたろう》（一九四五年四月七日から八月十七日まで首相）も一九四五年十一月「米国戦略爆撃調査団」に対して「開戦当初から、ちょっとの間は、うまくことは運ぶかも知れないが、結局

◎**米内光政**（よないみつまさ／一八八〇－一九四八）
海軍軍人、政治家。海軍大学校卒。日露戦争に従軍。第二艦隊司令長官、連合艦隊司令長官などを歴任し一九三七年、海軍大臣、海軍大将となる。四〇年には首相に就任するが、日独伊三国同盟を求める陸軍と対立し、半年で総辞職。終戦の前年から海軍大臣に復帰し、戦争終結と戦後処理に当たる。

の所は、日本は負けるだろう——というのが、海軍的見地での私の観測でありました」と述べています（同前）。

「日本は微塵《みじん》に砕《くだ》かれるであろう」というのが、真珠湾攻撃の日のチャーチル英国首相の見解です

(1) チャーチルの見方——真珠湾攻撃によって我々は勝ったのだ。英国は生きるだろう

チャーチルは真珠湾攻撃の日の日記に、これで我が国は救われたと書いています。当時の英国首相チャーチルはどのような思いで真珠湾攻撃を迎えたのでしょう。

十七ヵ月の孤独の戦闘と、恐るべき緊張裡に果した私の責任十九ヵ月の後に、〔真珠湾攻撃によって〕我々は戦争に勝ったのであった。英連邦と英帝国は活きるであろう。（略）英国の歴史は終わらぬであろう。ヒットラーの運命は定まった。日本人に至っては、微塵に砕かれるであろう。

とんまな人間は米国の力を割り引きして考えるかもしれなかった。「米国は軟弱だ」と言った者もあり、「彼らは流血に耐えられないであろう。民主主義と煩雑な選挙制

度は彼らの戦争努力を麻痺させるだろう」と語った者もある。

しかし、私はかねて、死にものぐるいの最後の一インチまで戦い抜かれた米国の南北戦争を研究してきた。米国は巨大なボイラーのようなもので、その下に火がたかれると、作り出す力には限りがない。満身これ感激という状況で私は床につき、救われて感謝に満ちたものであった。（チャーチル著、毎日新聞翻訳委員会訳『第二次大戦回顧録　巻き起こる嵐』毎日新聞社）

（2）オリバー・ストーン映画監督の見方——ドイツ（日本も同じ）の気に障ることをやっていけば、いずれ相手側からアメリカに攻撃をし掛けてくる

米国にオリバー・ストーンという映画監督がいます。アカデミー監督賞を二度受賞する米国の代表的監督です。彼が『オリバー・ストーンが語る　もうひとつのアメリカ史』（早

◎**鈴木貫太郎**（すずきかんたろう／一八六八－一九四八）
海軍軍人、政治家。海軍大学校卒。日清戦争と日露戦争に従軍。連合艦隊司令長官、海軍軍令部長などを経て一九二九年、侍従長兼枢密顧問官に就任。二・二六事件で襲撃され、侍従長を辞職する。昭和天皇の信任が厚く、四五年四月に首相となり戦争終結を図った。ポツダム宣言受諾後、総辞職。

川書房）という大作を書きました。ここに次の記述があります。

〔一九四一年八月、ルーズベルトはニューファンドランド島に飛び、チャーチルと秘密会談を行なった。ここで〕

ルーズベルトは、今すぐ戦争に参加してほしいというチャーチルの要請を断わった。だがチャーチルが会談後に語った言葉は、その裏に隠されたルーズベルトの真意を明らかにしている。**チャーチルによると、ルーズベルトは「戦争を望んでいるが、自分から宣戦布告をすることはないと言っていた。そのため、今後ますます挑発の姿勢を強めていくということだ。ドイツ**の気に障ることをやっていれば、**いずれ相手側からアメリカに攻撃を仕掛けてくる。**要するにアメリカは全力で、戦争を始めるためのきっかけを作ろうとしているのだ」。（高橋璃子訳・一巻）

（3）仏歴史学者の見方——太平洋戦がなくても米国の欧州戦介入は起きたかもしれない。しかし、真珠湾攻撃がなければ米国の介入は遅れ、欧州の戦いに異なった影響が出ただろう

ここは非常に重要な所ですので、もう一つ引用します。

フランスの著名な歴史学者ピエール・ルヌーバンの著作に『第二次世界大戦の原因』（鹿島守之助訳、鹿島研究所出版会）があります。次のように記述しています。

〔一九四一年八月九日、十二日に行なわれたチャーチルとルーズベルト会談に言及した後、ルーズベルト〕大統領は、参戦の決定を下すことは難しく、世論の充分な支持を確保しなくては決定できない、と信じ続けた。ビーヴァーブルーク卿〔ルーズベルト大統領に近い。イギリスの政治家。新聞社主〕は一九四一年八月ワシントン訪問から帰る途中、ウィンストン・チャーチルに書簡を送り、アメリカが直接攻撃された場合は別として、アメリカ国民は参戦支持には傾いていないと述べた。（略）〔真珠湾攻撃による〕太平洋戦が起こらなくても、アメリカの欧州戦介入は起こったかも知れない。しかしこの介入がはるかに遅れて起こり、したがって欧州の戦いの経

◎**F・D・ルーズベルト**（一八八二－一九四五）政治家。第三十二代米大統領。セオドア・ルーズベルト（第二十六代大統領）とは縁戚関係。一九一〇年、ニューヨーク州上院議員に当選し政界入り。第二次大戦勃発後は連合国の指導的役割を果たす。四一年、在米日本人資産の凍結と石油の対日禁輸を断行。真珠湾攻撃の翌日、日本への宣戦布告の誓約に署名した。

過に異なった影響を及ぼしたであろう、ということは確かである。

ルーズベルトは参戦を望んでいます。

しかし、そのためには「アメリカが直接攻撃を受ける」必要があります。

（4）真珠湾攻撃当時の外務省北米課長だった加瀬俊一《かせとしかず》は、「第一撃を射させるような立場に日本を追い込むこと、これがなかなか難しい」の言葉を引用

開戦当時、東郷茂徳《とうごうしげのり》外務大臣の秘書官兼政務局六課（北米担当）課長と、渦中にあった加瀬俊一は次のような記述を残しています。

「十一月二十五日のスチムソン陸軍長官の日記には『第一撃を射させるような立場に日本を追い込むこと、これがなかなか難しい』」

スチムソンという人物は、戦前の歴史で最も日本との関係を持った人物です。

後の章で見ていきますが、ロンドン海軍軍縮会議で若槻禮次郎《わかつきれいじろう》に大幅譲歩をしました。

また日本の満州占領に対して軍事行動を厳しく非難する「スチムソン・ドクトリン」を公表しました。第二次大戦の積極的介入論者です。

欧州戦線と真珠湾の関係を整理しておきたいと思います。ルーズベルトは参戦したかった。そのためには米国が攻撃される必要がある。その役割が真珠湾です

欧州戦線と真珠湾攻撃への道を整理すると、次のような構図になっていました。

① 第二次大戦開始で英国はドイツに何時攻撃されるかという極めて厳しい状況に追い込まれていた

② これを避けるためには、ドイツがソ連との戦端を開き、ドイツの力が二分されることと、米国の参戦を強く望んだ

③ しかし、米国国民はドイツとの戦争開始に反対で中立の姿勢を崩さなかった

④ 米国の空気を変えるためには、誰かが米国を攻撃すればいい。ドイツは挑発に乗ら

◎**スチムソン**（一八六七－一九五〇）政治家。弁護士出身。連邦検事を経て一九一一年、W・タフト政権の陸軍長官となる。二九年、H・フーバー政権で国務長官に就任。ロンドン海軍軍縮会議では米代表を務める。日本の満州事変に反対し、「不承認政策」を唱えた。四〇年、陸軍長官に復帰。原爆開発計画（マンハッタン計画）を監督したことでも知られる。

ない。三国同盟の一つ、日本が米国に攻撃すれば、自動的にドイツと戦争ができる

④について、野村吉三郎《のむらきちさぶろう》駐米大使も危惧を抱いていました。彼は赴任前、一九四一年一月十五日、東久邇宮殿下に「日本から戦争を仕掛けないように注意してもらいたい」と進言しています（『一皇族の戦争日記』）。

この図式については、後にもっと説明したいと思います。

米国は石油の全面禁輸を行ない、これで日米開戦に消極的だった海軍も開戦に踏み切ります。このとき、日本軍が真珠湾攻撃を避けていれば、逆に米国は窮地に追い込まれていました

チャーチル英国首相が「十七カ月の孤独の戦闘と、恐るべき緊張（略）の後に、〔真珠湾攻撃によって〕我々は勝ったのだ」と述べたように、英国は真珠湾攻撃を歓迎しました。ルーズベルト米国大統領も歓迎しました。

またスチムソン陸軍長官が十一月二十五日の日記に「第一撃を射させるような立場に日本を追い込むこと、これがなかなか難しい」と書いていました。

ここで、スチムソンは「第一撃を射させる」と言っています。それは米国への第一撃です。そのことはもし、日本が米国でなくて、他国を攻撃していたらどうなっていたでしょう。米国は行動を取りにくいのです。

戦争開始時、国務次官補だったディーン・アチソン（後、一九四九年に国務長官）は『アチソン回顧録』（吉沢清次郎訳、恒文社）で次のように記述しています。

「アメリカ国民と政府とが忍び得ず、また許そうとしなかった一つの方向は、アメリカ領土とアメリカ艦隊に対する攻撃であった。その結果が戦争であることは必然であった。（略）合衆国国力の莫大なる優位とわれわれ民衆の性情とに鑑《かんが》み、その結果は日本に対して破滅的であることはほとんど必定であった。**東條大将政府にとって**（略）**より賢明であり、より安全な路線は、オランダ側に加える圧迫によってインドネシアの石油を獲得する動きであり、必要であれば、日本が使嗾《しそう》して支持するインドネシア革命によってオランダ**

◎**野村吉三郎**（のむらきちさぶろう／一八七七－一九六四）
海軍軍人、外交官、実業家、政治家。海軍兵学校卒業後、在米日本大使館駐在武官などを務め、ワシントン軍縮会議にも随員として出席。国際法に詳しく、一九三九年組閣の阿部信行内閣で外務大臣に抜擢される。二年後、駐米大使に就任し日米開戦まで外交交渉に当たった。戦後、参議院議員となる。

人を駆逐することであったろう。ワシントンにおいては、内閣と陸海軍はみな、予期される南方進出にいかに対処すべきかについて意見が分かれていた。（略）世論調査は、議会または一般大衆が、南太平洋における外国の植民領土を防守するための戦争を支持するかどうか疑わしいとし、そして、いかなる支持も一致したものではたしかにないだろうと報告した」

そしてアチソンは、日本のパール・ハーバー（真珠湾）攻撃を次のように結論づけます。

「これ以上の愚策は想像もできなかった」

この当時、「インドネシア石油確保のときには米国は苦しい」とする見解はどこまで日本の上層部にあったでしょうか。

インドネシアの石油を直接獲得するという作戦は、一応、検討はされています。及川古志郎《おいかわこしろう》元海相は「［永野《ながの》（修身《おさみ》）提督（軍令部総長）が語ったところによれば、フィリピンを素通りして南方資源地帯に出る計画が、一九四一年に作成されたという。どのような論議が行なわれたか、との問いに］あなたのいう論議は、わたしが海相をやめた（訳注。一九四一年十月）のちに行なわれたと思います」と述べています（『開戦の原因』）。

この点に関しては当時の軍令部作戦課長・富岡定俊《とみおかさだとし》は次のように述べています。

「南方資源地域のみの攻略を目指して比島《フィリピン》に手をつけずにおくことは、海軍作戦上不可能なことであった。それは対英蘭戦争は結局は日米戦争を誘起することが必至と認められたからである。したがって開戦と同時に先制攻撃を行ない、米軍の戦力の徹底強化にさきだちてこれを攻略するを有利とした」（同前）

この問題を調べていくと海軍内に見解の相違があることが解ります。

十月六日陸海軍局部長会議で、岡敬純《おかたかずみ》海軍軍務局長も「比島をやらずにやる方法を考えようではないか」と発言しています。しかし、翌七日、杉山元《すぎやまげん》・永野修身（軍令部総長）会談で永野は岡海軍軍務局長の発言を取り消しました。

この本の冒頭部分で、「国民の歴史でも、個人の経験でも、絶えず起る偶然な出来事が、決定的な働きをしている。例えば、あの命令がなかったならばとか、あの攻撃がなかったならば」というチャーチルの言葉を見ました。ここでも、岡敬純のような人物が海軍

◎**及川古志郎**（おいかわこしろう／一八八三－一九五八）
海軍軍人。日露戦争に従軍。東宮武官、呉鎮守府参謀長、第一航空戦隊司令長官、第三艦隊司令長官と昇進し、一九三九年に海軍大将。翌年海軍大臣となり三国同盟締結に同意、対英米開戦路線を推進。四四年には軍令部総長に就任しマリアナ、レイテ沖開戦などを指揮。敗戦後の四五年九月、予備役に編入。

の戦略を決める責任者である軍令部総長で、永野修身が海軍軍務局長だったら、展開は変わっていたと見られます。

一九四一年九月七日（「戦争を辞せざる決意の下におおむね十月下旬を目途とし戦争準備を完整す」と決定した九月六日の御前会議の翌日）、**東久邇宮稔彦殿下は東條陸相に米国の術策にはまるだけだと、辞職を求めています**

東久邇宮稔彦著『一皇族の戦争日記』は東久邇宮と東條陸相の会談をかなりリアルに記述しています。

まず、東久邇宮は東條陸相を呼んで天皇は日米国交調整に御心をそそがれているので、これを真剣に考えてもらいたいと要請します。

これに対して東條陸相が、米国は次のことを要求していると述べます。

①　日本軍は仏印から撤退すること
②　日本軍は支那全土から撤退して支那事変以前の状態に復すること
③　日本は英米に対して支那における門戸開放、機会均等を認めること

その上で東條は、しかし、この条件は陸軍大臣として、支那大陸で生命を捧げた尊い英霊に対して絶対に譲ることができないなどを強調します。

そして「東條は日米関係につき、はじめはなかなか興奮していたが、しだいに落付いて来て、終わりごろには平静になったので」として、**東久邇宮は東條陸相に次を話します。**

「私がフランス留学中、ペタン元帥とクレマンソー元首相から、こんなことを注意された。アメリカは、今回の大戦〔第一次大戦〕で欧州において邪魔になるドイツをやっつけたから、次の戦争で、東洋で邪魔になる日本を叩きつけようとしている。アメリカは、日本が外交の下手なのをよく知っているから、日本をじりじりいじめて、日本の方から戦争を仕掛けるような手を打って来るにちがいない。そこで、日本が短気をおこして戦争をやったら、アメリカは大きな底力をもっているから、日本はかならず敗ける。だから、アメ

◎**東久邇宮稔彦**（ひがしくにのみやなるひこ／一八八七－一九九〇）
旧皇族、陸軍軍人、政治家。昭和天皇妃（香淳皇后）の叔父。陸軍大学校を卒業しフランスに留学。陸軍航空本部長などを経て一九三三年、陸軍大将となる。日米開戦直前には首相候補に挙がる。敗戦後の四五年八月一七日、初の皇族首相として組閣し、終戦処理に当たった。二年後、皇籍離脱。

リカの手にのって戦争しないように我慢しなければならないと。現在の情勢は、まったくペタン元帥やクレマンソーの予言したようになっている。このさい我慢して、アメリカと戦争しないようにしなければダメだ。東條陸相は近衛内閣の一員である。軍では『命令に従う』という言葉があるが、いま天皇および総理大臣が日米会談を成立させたいというのだから、陸軍大臣としては、それに従うべきで、それでなければ辞職すべきではないか」

東條はこれに対して、次のごとく言い、最後に「見解の相違である」と言います。

「いま、アメリカは日本にたいしA（アメリカ）・B（イギリス）、C（支那）・D（オランダ）包囲網をしいて、日本をじわじわ圧迫している。このままにしていれば、日本は滅亡するほかはない。この包囲網によって日本がジリ貧になるより、思い切って戦争をやれば、勝利の公算は二分の一である。危険ではあるが、このままで滅亡するよりはよいと思う」

この東條陸相の論理がどうであるかは、後で検討したいと思います。

クレマンソー元首相は日本の美術に特別の関心を持っていたようです。

クレマンソーが収集した香合約三〇〇〇点が、一九五九年、シマール（Simard）という人からモントリオール美術館に寄贈されています。クレマンソーの発言は彼の親日的態度と関係しています。

ここに見られるように、東久邇宮殿下は戦争に反対です。かつ、東條と対峙《たいじ》することも辞さない姿勢です。

実は近衛文麿《このえふみまろ》首相が辞職したとき、東久邇宮殿下を首相にする動きがありました。結局これを断ったのが、昭和天皇と木戸幸一《きどこういち》内大臣でした。

東久邇宮稔彦殿下は一八八七年生まれ、昭和天皇は、一九〇一年生まれです。

東久邇宮殿下を首相にする動きを木戸内大臣と昭和天皇が潰した、その原因は込み入っ

◎**近衛文麿**（このえふみまろ／一八九一－一九四五）政治家。学習院から東大哲学科に進み、京大法科に転じる。内務省入省後、ベルサイユ講和会議に参加。貴族院議長などを経て一九三七年、第一次近衛内閣を組閣。軍部に押し切られ日中戦争に突入する。四一年の第三次内閣では東條陸相らの主戦論を抑えられず総辞職。戦後、戦犯に指名され服毒自殺。

◎**昭和天皇**（しょうわてんのう／一九〇一－一九八九）第百二十四代天皇。名は裕仁（ひろひと）。一九二六年即位。大日本帝国憲法では陸海軍の最高指揮官（大元帥）に規定される。満州事変、日中戦争など軍部の行動に懸念を示したが、手続きに則った上奏は立憲君主として裁可。日米開戦に当たっては詔書を発した。敗戦時、ポツダム宣言受諾を決定（御聖断）。

ているので、後で詳細に記述したいと思います。もし、東久邇宮殿下が首相になっていれば、間違いなく真珠湾攻撃を実施していなかったと思います。ここでもチャーチルの「あの命令がなかったならばとか、あの攻撃がなかったならば」という言葉が当てはまります。

十一月二十九日、重臣会議で若槻禮次郎、近衛文磨、岡田《おかだ》啓介《けいすけ》、米内光政、広田《ひろた》弘毅《こうき》と五名の元首相は開戦に反対である旨、天皇を前に発言しています

一九四一年十一月五日、御前会議で日本は「十二月初頭の武力発動を目途に戦争準備を促進する」という方針が決定されています。

ただ、元首相などの重臣の意見を聞くべきだとの天皇の言葉で十一月二十九日に重臣会議が開催されました。

ここでの発言を「木戸日記」を引く形で『大東亜戦争開戦経緯（5）』（防衛庁防衛研究所戦史室著、朝雲新聞社）が掲載しています。

陛下より大変難しい時代になったねのお言葉あり、若槻直ちに之に奉答した。

〔孫崎注：若槻禮次郎は一九二四年から二六年首相。三〇年のロンドン海軍軍縮会議

◎木戸幸一（きどこういち／一八八九－一九七七）
宮中政治家。木戸孝允（たかよし）の孫。京都帝国大学卒業後、農商務省入り。一九一六年、貴族院議員となる。四〇年に天皇側近である内大臣に就任、国政の実権を握る。戦争末期、「国体護持」のため和平に腐心。聖断によるポツダム宣言受諾を実現した。A級戦犯として終身刑に処せられるが、病気のため仮釈放。

◎若槻禮次郎（わかつきれいじろう／一八六六－一九四九）
大蔵官僚、政治家。帝国大学法科大学（後の東京帝国大学法学部）卒業後、大蔵省に出仕。事務次官を経て一九一一年、貴族院議員。蔵相、内相を歴任する。二六年、首相（第一次内閣）。ロンドン海軍軍縮会議では首席全権。三一年、第二次内閣を組閣するが満州事変で退陣。和平派として日米開戦に反対した。

◎岡田啓介（おかだけいすけ／一八六八－一九五二）
海軍軍人、政治家。海軍兵学校、海軍大学校を経て日清戦争、日露戦争、第一次世界大戦に従軍。海軍大将、連合艦隊司令長官、海軍大臣を歴任後の一九三四年、首相就任。二・二六事件では難を逃れたが、内閣は総辞職した。日米開戦には消極的で、開戦後は東條内閣退陣運動の中心となる。

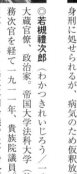

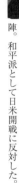

で首席全権になった際、「骸骨が大砲を引っ張っても仕方がない」と国力と調和した軍備を訴え、右翼から攻撃されている」

若槻：わが国民は精神力においては心配なきも、物資の方面において果して長期戦に堪えうるや否や慎重に研究するの要あり。午前中政府の説明もありたるが之を心配す。

〔孫崎注：若槻は著書『古風庵回顧録』（読売新聞社）で次のように記述。「〔陛下に〕（略）**こうした状態で戦争することは実に憂慮に堪えません**、ということを言上した。私の陳述中の合間に、東条がしばしば発言して、心配には及ばぬ旨を言う」〕

岡田：物資の補給能力につき充分成算ありや心配なり。先刻来政府の説明ありたるも未だ納得するに至らず。

〔孫崎注：岡田啓介は、ロンドン海軍軍縮会議時「軍拡による米英との戦争は避け、国力の充実に努めるべし」という信念に基づき海軍部内の取りまとめに奔走《ほんそう》。一九三四年から三六年首相。また、『岡田啓介回顧録』（中公文庫）で次のように記述している。

「米内は、御前に出てから、（略）ドカ貧になってはいけない、といった（略）。若槻さんも大東亜共栄圏の確立とか、そういった理想にとらわれて国力を使うのは危険だ

という、筋の通ったいい意見だった。（略）

軍令部総長の永野修身は、少しどうかしていた。陛下から、

『アメリカと戦争をやって勝つことが出来ると思うか』

と御下問があったので、

『勝つことはとてもおぼつかないと存じます』

とお答えしながら、しかも『戦争はやらなければならぬと思います』と申し上げている」

岡田は「とにかく物資の補給能力の点で、アメリカと戦争などやれるものでないことは、はっきりしていた」（同前）と確信していたので、ここを攻めている」

近衛：午前中政府の説明により、外交交渉の継続はこの上見込みなしと判断するの外なきが、外交交渉決裂するも直ちに戦争に訴ふるを要するや、この儘《まま》の状態、即ち

◎**広田弘毅**（ひろたこうき／一八七八－一九四八）
外交官、政治家。東京帝国大学法科卒。一九〇六年、外務省入省。駐オランダ公使、駐ソ大使などを務めた後、三三年に外相、三六年に首相就任。「協和外交」を唱える一方で軍部を抑えられず、結果的に日中戦争拡大に加担する。敗戦後、A級戦犯に指定され東京裁判では文官で唯一の絞首刑判決。

臥薪嘗胆《がしんしょうたん》の状態にて推移する中又打開の途を見出すにあらざるかとも思われ、この点はなお後刻当局に質したいと思っております。

〔孫崎注：近衛文麿は、東條内閣になる直前の一九四一年十月十八日まで首相〕

米内：じり貧を避けんとしてドカ貧にならないように十分のご注意を願いたいと思います。

〔孫崎注：米内光政は、一九四〇年一月から七月まで首相。四四年から海軍大臣〕

広田：今日は外交上の危機に立てる様に思はるるが、由来外交談判の危機は二度三度繰り返して初めて双方の真意が判るものと思う。今回危機に直面して直に戦争に突入するは如何なりものなりや。

〔孫崎注：広田弘毅は一九三六年から三七年に首相。外務大臣〕

五人もの首相経験者が反対論を述べています。

この会議での重臣の発言にはさまざまな評価があります。

戦前、戦中、戦後を外交官として活躍した重光葵《しげみつまもる》は『昭和の動乱』（中公文庫）の中で次のように批判しました。

この重要なる宮中の会合において、戦争に対して反対をなし、また国家の前途に対して深い意見を表示したものはなかった。（略）最高主権者たる天皇に、直接意見を申し出づる絶好の機会が与えられたるに拘わらず、何故国家の重臣が、若し戦争に反対であったならば（彼等は反対であった）、赤裸々に且つ大胆にその所信を披瀝《ひれき》しなかったのであろうか。

実はこうした考えは別の外務省員も持っていました。

先にも挙げましたが、当時外務大臣秘書官でかつ政務局六課（北米担当）課長として日米交渉を担当した加瀬俊一は『平服の勇気』（鹿島研究所出版会）の中で「やがて交渉不調となり、重臣会議や御前会議があわただしく開かれた。私は重臣達が自重を進言することを密かに期待したが、格別の意義もなく廟議はアッケなく決定してしまった。重臣はみな内心は戦争に反対だったが、それを公言する勇気がなかったのである。（略）平服の勇気に乏しいから」と記しました。

私は、重光葵と加瀬俊一の評価は公正に欠けると思います。

若槻は「こうした状態で戦争することは実に憂慮に堪えません」と言っています。

米内は「ドカ貧にならないように」と言っています。米内は昭和二十年十一月十七日、米国戦略爆撃調査団に対して「私は堅く信じていますが、仮に当時、私が首相だったとしたら、われわれはこの戦争をはじめなかったでしょう」と証言しています（『開戦の原因』）。

広田は、「外交談判の危機は二度三度繰り返して初めて双方の真意が判るものと思う。今回危機に直面して直に戦争に突入するは如何なりものなりや」と言っています。

近衛は「外交交渉決裂するも直ちに戦争に訴ふるを要するや、この儘の状態、即ち臥薪嘗胆の状態にて推移する中又打開の途を見出すにあらざるかとも思われ」と言っています。

私は直前の論議で、むしろ、外務省サイドから公式の場でほとんど反対の声が出てこなかったことこそ責められるべきであると思っています。

逆に重臣たちが、すでに政府が戦争を決めて、風向きが決まっている中、堂々と異論を述べているのは驚きですらあります。

しかし、元首相といっても何の権限も持っていません。重臣会議というものは国家の意思決定には何の権限も持っていません。

東條元首相は東京裁判で「この集まりは単に懇談的なもの、単に首相たる前歴を有する者ということで召されたのであって一般国民との間に特殊な差はなし」と問題にしていません。この人々の意見は、東條首相、さらにこれを駆り立てている陸軍、海軍の前には効果がありませんでした。

皮肉なことにこれと同じようなことが二〇一四年、起きています。

原子力規制委員会は七月十六日、九州電力川内原発一、二号機について、「新規制基準に適合している」とする審査書案を定例会で了承しました。安倍政権はこれを契機に再稼働への動きを強めています。

七月十八日付産経新聞は「『原発ゼロ』を主張する細川護熙《ほそかわもりひろ》、小泉純一郎《こいずみじゅんいちろう》、鳩山由紀夫《はとやまゆきお》、菅直人《かんなおと》の元首相４人が18日、東京都内で一堂に会した。細川、小泉両氏の『自然エネルギー推進会議』が主催した講演会に鳩山、菅両氏が一般参加者として来場した」と報道しています。

現代の人々は「戦前の人がなぜ真珠湾攻撃という愚かな策を選択したか」と疑問に思っています。同様に将来必ず「日本は福島原発事故という大事故の後で、なぜ原発再稼働という愚かな策を選択したか」と疑問に思うと思います。

真珠湾のときは、若槻禮次郎、近衛文麿、岡田啓介、米内光政、広田弘毅と五名の元首相は開戦反対の意思を表明しました。

そして、原発でも、細川護熙、小泉純一郎、鳩山由紀夫、菅直人の元首相四人が反対の声を上げていました。

真珠湾攻撃のときの答えは次の記述にあります。一九四一年に外務省のアメリカ局長として日米交渉に従事していた寺崎太郎《てらさきたろう》は著書『れいめい』（中央公論社）で次のように記述しています。

人臣を極めた故近衛公はある日、シミジミと私にこう述懐した。

「寺崎君。ひとは僕を総理大臣という。それはまさにそうだ。しかし、現在の日本をホントに動かしているものは、総理大臣であるこの僕ではなく、陸・海軍の軍務局長だよ」

残念ながら、まさにその通りの当時であった。

「中央公論」一九九五年六月号は、「『戦後50年の生き証人』に聞く⑥」の標題で、四元義隆《よつもとよしたか》氏と田原総一朗《たはらそういちろう》氏の対談を掲載しています。四元氏は血盟団《けつめいだん》の一人として暗殺行為に加担し日本の政党政治の終焉に貢献し、戦後は中曾根康弘《なかそねやすひろ》氏の「陰の指南役」と噂されました。彼はこの対談の中で、近衛について同じような証言をしています。

田原　四元さんは、近衛さんと親しかったそうですが、近衛さんはあの戦争でどういう役割を果たされたんですか。

四元　担がれただけで、内心では「戦争はいかん」と思っていたでしょうね。それは陛下も同じだった。陛下と近衛さんは不離一体だったから。

田原　昭和天皇も近衛さんも戦争はいけないと思いながら、止めさせることができなかったわけですか。

四元　政治は力です。当時は軍がいちばん力を持っていた。だから、だれも戦争を止められなかったんだろうね。

米国と戦うとなれば、海軍が戦わなければなりません。海軍はどうだったのでしょうか。当然中枢部に反対の人がいます。しかし、永野軍令部総長が無視し戦争に突入します

二〇〇九年に一冊の本が出版されました。『[証言録] 海軍反省会』（戸高一成編、PHP研究所）です。第二次大戦直後、海軍の中枢部の人々が集まり、語り合いました。海軍反省会と呼ばれています。一九八〇年から一九九一年まで、さらに何人かが集まり論議してい

るもので、信頼度は高いと思います。

ここでは、海軍が米国と戦争すれば負けると解っていながら戦争に行く像が浮かび上がります。

大井篤（海軍省軍務部員）：永野さんはね、〔日本の〕内乱になるからアメリカとね、妥協すべきでないと。それで片一方は、戦はやれば負けると（略）。それだから陸軍と一緒になって負ける他ないってことで、これは一部じゃなくて軍令部に〔そういう考えが〕あったらしいと書くのが本当ですよ。

佐藤毅（海軍省軍務部員）：勝つつもりでやってる訳ですよ。（略）開戦不可避という状況だったんですね。

保科善四郎（兵備局長）：永野さんはね、御前会議で勝つって言うたよ。（略）

三代一就（軍令部作戦課航空主務部員）：それはですね、昭和十六年の末です。（略）高松宮さんがですね、軍令部の一課に来られまして、（略）私はですね、今の日本海軍の航空兵力ではですね、（略）必ず負けますと、（略）こう言って申し上げたらですね、それは大変じゃないかと言われて、早速高松宮様が、陛下にお目にかかって、海軍としてはですね、戦争負けると、少なくとも航空に関しては勝てないんだと、こうおっしゃったんですね。陛下は、どういうことかと、それなら永野を呼べということになって、永野さんが陛下のところに呼ばれた訳なんです。それで、陛下は、高松宮がこう言うんだがどうなんだ、と。永野は、いやぁそれは大丈夫ですよ、そんなことはありませんと、言ってだまかしたんです。そういう人です。

「日本が内乱になる」まで行かなくとも、開戦に反対すれば、暗殺の対象になることは十分考えられます。

永野修身は、一九四一年四月九日に海軍の軍令部総長に就任しました。海軍省が内閣に従属し軍政・人事を担当するのに対し、軍令部は天皇に直属し、その統帥を輔翼《ほよく》する立場から、海軍全体の作戦・指揮を統括するので、軍令部は極めて重要な役割を占めています。軍令部総長の権限について、及川元海相は次のように説明しています。「〔米国または

◎**永野修身**（ながのおさみ／一八八〇－一九四七）
海軍軍人。軍令部次長などを歴任後、海軍大将（一九三四年）。翌年のロンドン海軍軍縮会議では全権として脱退を通告。海軍大臣、軍事参議官などを経て一九四一年四月から四四年二月まで軍令部総長として海軍作戦を指揮。真珠湾攻撃を支持した。戦後A級戦犯に指名されたが、獄中で病死。

英国などに対する〕作戦計画の作成は軍令部総長に属するからです。（略）〔戦う際の作戦を考えるのが〕海軍軍令部です。ひとたび戦争計画が作成されるや、必要な装備と人員を整えることが海軍大臣の任務です」（『開戦の原因』）。

山本五十六《やまもといそろく》連合艦隊司令長官の評価を見てみたいと思います

第二次大戦は陸軍が主導しました。しかしアメリカとの戦いは海軍が中心です。重要な戦いは真珠湾攻撃やミッドウェー海戦ですが、その中心になったのは山本五十六です。米内元首相・元海相は「この戦争は海軍の戦争だったと信じます」と述べています。

従って、第二次大戦を評価する際には山本五十六の評価が必ず必要になります。

彼を評価する人は、彼が三国同盟に反対した点などを挙げます。野村吉三郎（海軍出身、一九三九年九月二十五日から一九四〇年一月十六日まで外務大臣。一九四一年二月駐米大使）は次のように述べています。

一部の人は、この戦争の主張者の一人は、連合艦隊司令官だった山本大将だったように思っているようですが、決してそうではありません。彼は日米開戦にはつねに反対でした。彼は近衛公にもつぎのように話しています。

「そうですね、まあせいぜい一年か二年は何とかやっていけるかも知れません。しかし、それから後のことは分りません」

（編注）山本大将は昭和十五年（一九四〇年）九月、三国同盟締結問題に対する海軍首脳部会議参加のため上京した際、近衛首相の招きによって荻外荘《てきがいそう》〔現在の荻窪《おぎくぼ》二丁目にあった近衛氏の別邸〕で会見し、日米戦となった場合の見通しに関する首相の質問に答えて「それは是非やれといわれれば、はじめ半歳や一年の間はずいぶんあばれてごらんに入れる。しかしながら二年三年となれば全く確信はもてぬ」といった。

（『開戦の原因』）

◎**山本五十六**（やまもといそろく／一八八四－一九四三）
海軍軍人。日露戦争に従軍し、日本海海戦に参加。海軍大学校卒業後、駐米武官、海軍次官などを歴任。日独伊三国同盟に反対する。一九三九年、連合艦隊司令長官兼第一艦隊司令長官に就任。早くから航空兵力整備を唱え、真珠湾攻撃作戦を立案。四二年、ミッドウェー海戦に敗れる。ソロモン諸島上空で戦死。

ドイツが欧州を席巻し、英国がまさに亡びそうになっているときでも、米国国民や議会は参戦に賛成ではありませんでした。

ルーズベルト大統領は参戦するため、「日本やドイツが侵略者である」ことを米国国民に訴えることが必要でした。致命的でなければ、ある意味、最初の打撃が大きければ大きいほど効果的です。それが真珠湾攻撃です。

かつ米国は、戦闘機の大量生産に移行していきます。真珠湾で軍艦を数隻撃沈しても米国の長期的戦闘力には大きい影響を与えません。

すでに見たように、アチソン次官補はパール・ハーバー攻撃について「これ以上の愚策は想像もできなかった」と記述していますが、まさにその通りだと思います。

山本五十六は優れた戦術家ではありましたが、レベルの低い戦略家でした。

太田文雄著『日本人は戦略・情報に疎いのか』（芙蓉書房出版）によれば、ジョンズ・ホプキンズ大学高等国際問題大学院での演習で、第二次大戦の評価（各々一〇点満点）を行ないました。そこで日本に戦術六点と高い評価（ドイツ七、米国六、英国四）を与えていますが、戦略では二と全くの落第評価をつけています。たぶん国際的な山本五十六の評価もこれが妥当と思います。

日露戦争から真珠湾までの歴史を見ると、興味深い共通性があります。

事件を起こした、あるいは後それに深く関与した人物は、「戦術家」として非常に優れています。行なおうとした軍事行動など、実に見事に完遂しています。しかし、中・長期的に見ると大変な災難をもたらしています。その点で、山本五十六と同じ流れにあります。

これら事件は後々検証しますが、とりあえず列挙します。

張作霖爆殺事件―河本大作《こうもとだいさく》大佐

柳条湖事件―石原莞爾中佐

盧溝橋事件―武藤 章《むとうあきら》大佐

真珠湾攻撃―山本五十六大将

河本大作大佐も、石原莞爾中佐も、武藤章大佐も、山本五十六大将も処理能力は高いのでその分野での信奉者が多いのです。

確かに、事件に対処する能力は高いのです。ですから、狭い軍事のサークルでは他を凌《りょう》駕《が》し、枢要《すうよう》ポストを占めます。しかし、視野が狭いのです。事件を起こした後の展開を読んで、それに責任を取る姿勢がありません。とりあえずの成功を目指します。

事件後の展開を読むには相手を熟知する必要があり、自分の専門分野を超えた能力が必要です。狭い分野の専門家で重要問題の処理をする危険性、さらにいえば狭い分野の能力の高い者を広範囲な影響の出る問題に当たらせる危険性を山本五十六が示しています。

外務省はどうしていたのでしょう。米国と戦争すれば負けるに違いないことを解っていた人はいたはずです。本来、彼らが一番強硬に反対すべきです。

彼らはなぜ沈黙していたのでしょうか

（1）日米交渉に努力し結局失敗した、寺崎北米局長など協調派の見方

私たちはすでに、石田禮助三井物産社長が戦争に反対する動きをしたことを見ました。アメリカの事情を知っている人間であれば、米国と戦争をすることがいかに無謀であるかは容易に解ります。

そして、米国事情に最も通じている集団は外務省です。

しかし、外務省の人間が戦争阻止のために必死に動いた姿はほとんど見えません。

どうしてなのでしょうか。

真珠湾攻撃直前、外務省はもちろん、米国と交渉しています。

米国が日本に要求していることは次の三つです。

①日独伊三国同盟を解消すべし
②南部仏印への軍事占領を撤回すべし
③中国での軍事的占領を解消すべし

①の「日独伊三国同盟」は外務省の枢軸派と言われる人々が推進したものです。②の「南部仏印への軍事占領」と、③の「中国での軍事的占領」は外務省が陸軍と一体となって進めてきたものです。

ですから、この当時、外務省が「省」として反対することはありません。中枢部には反対するような人はほとんど残っていません。

外務省の中で、反対の意見を述べる人はいなかったでしょうか。何とか日米交渉の決裂を食い止めたいと頑張っていた人物が、時の北米局長・寺崎太郎です。『寺崎太郎外交自伝』（非売品）は次のように記しています。

第二次近衛内閣（一九四〇年七月から一九四一年七月）の外務大臣は、音に名高い故松岡洋右《まつおかようすけ》さん。私がここではっきり書き残しておきたいのは、当時、少壮《しょうそう》職業軍人の群とガッチリと手を組み、外務省の役人でありながら、軍閥の手先となって、国家の最高方針に反し、**あたかもドイツ人さながらに、「打倒米英！」「ハイル・ヒットラー」と高唱してはばからぬいわゆる、「枢軸派」と称される輩《やから》が、暴威をふるっていたということである。**幹部すなわち局長の大部分は、この派に属するか、そうでなければ、旗幟《きし》を鮮明にしない、〝灰色〟のズルイ輩であった。そして「枢軸派」の局・部長の下には、威勢のいい、若い事務官連がおり、松岡さんをトップに、わがもの顔で省内を横行していたのである。（略）

そのうちのあるものは、戦後、百八十度の転換をし、今や平気で、アメリカさん全盛の今の世の表面を闊歩《かつぽ》している。事務官は、こっぱ役人で、いわんや政治家でもないのだから、責任を負う必要はない。風のまにまに、また時の流れに身をまかせてかまわない、というのであろう。これが、日本流にいう「世渡りのうまい人間」であろう。その家族のものは、常に物質的に恵まれ、幸せなことであろう。彼らの名前をあげるのは、いと易《やさ》しいが、おとなげないしわざだから、やめておこう。（略）

これら「青年将校」のなかにも自ら派閥といおうか、グループといおうか、そういったものがあり、それぞれの〝部屋頭〟めいたものがいたが、彼ら共通の頭領《とうりよう》は、情報部長として蛮名を馳《は》せ、松岡外務大臣時代には外務省顧問の白鳥敏夫《しらとりとしお》氏であった。

彼らの統制のよくとれたことにも驚嘆したが、その資金の豊富さにもたまげた。大《おお》ゲサに言えば、〝酒池肉林《しゅちにくりん》〟の宴《うたげ》を催していたからである。（略）

しかし、私のほうの陣営は、局長の私、アメリカ局第一課長の結城司郎次《ゆうきしろうじ》君、稲垣《いながき》太郎《たろう》事務官（故人）それと局長付の佐東武雄《さとうたけお》の四人きりだ。第一、省内が前述のごとく、松岡外相時代はもちろんのこと、その後任になった豊田貞次郎《とよだていじろう》外務大臣の時代でも「枢軸派」によって制圧されており、彼らのスパイといって失礼なら、シンパ（〝長いものにまかれろ〟〝流れに身をまかせる〟）で充満していたから、絶対に信頼できる部下だけに頼って、仕事を進めるしかない。（略）

当時の日本を事実上治めていたのは、内閣総理大臣ではなく陸軍軍務局長であった。

「協調外交」を推進し、戦後総理大臣となった幣原喜重郎《しではらきじゅうろう》は「日華事変から太平洋戦争にかけて、私はただ悶々の日を送る他はなかった」と記述しています（幣原喜重郎『外交五十年』中公文庫）。当時の外務省は重鎮すら排除していたのです。

(2) 対中軍事行動、ドイツとの連携を主張していた若手「枢軸派」の牛場信彦《うしばのぶひこ》氏の見方

「省内が『枢軸派』によって制圧されていた」ことについて、若手枢軸派として勇ましく活動していた人の言も紹介しておく必要があると思います。第二次大戦前「枢軸派」若手として省内を闊歩し、戦後は「米国重視派」のドン的存在の牛場信彦氏は『外交の瞬間』(日本経済新聞社)で次のように書いています。

昭和十二年当時は六月に近衛内閣が発足し、国内には近衛人気が沸騰、東亜思想がほうはいとして起こっていた。「見よ東海の空あけて」〔孫崎注:いま幾度かわが上に試練の嵐哮るとも断固と守れその正義　進まん道は一つのみ　ああ悠遠の神代より轟く歩調うけつぎて大行進の行く彼方　皇国つねに栄えあれ〕という歌ができ、国全体が「進まん道は一つのみ」という空気であった。(略)

当時は「満州国」の建設が進んでおり、中国にある英国その他の権益を排除しなければならない、というのがこのころの外交政策であり、(略)

「日本の対外姿勢が、国際連盟脱退から海軍軍縮条約の破棄へと、(略)挑戦的性格を帯びるにつれて、外務省の内部でも『外交刷新』を唱える、いわゆる『革新派』が台頭してくる。日本の対外的使命達成の上で、現状維持勢力としての英米の存在を障

害とし、ソビエトの革命政策を危険とみる人びとにとって、既存の国際体制の打破を標榜《ぼう》する独伊との提携という考え方は次第に有力化してくる」。

これは『外務省の百年』の一節だが、僕も当時、こういう考えにくみしていた。

寺崎太郎が「そのうちのあるものは、戦後、百八十度の転換をし、今は平気で、アメリカさん全盛の今の世の表面を闊歩している」と言っている「あるもの」の代表が牛場信彦氏です。戦後、牛場氏は外務次官、駐米大使を歴任しました。

さらに、吉田茂《よしだしげる》は「英米派」として軍部と対峙《たいじ》していた人物と見られますが、幣原外交から軍部の強硬派路線に切り替えた田中義一《たなかぎいち》首相のとき、自ら自分を売り込み、田中義一外交を支え、満州での軍の使用を主張していました。吉田茂は軍部と密接な関係にあった人物です。そして、戦後は首相となり、米国と緊密な関係を持っています。

◎**日華事変**
支那事変とも。日中戦争の、当時の日本側の呼称。一九三七年七月七日の盧溝橋事件を契機とする、日本と中国の間の戦争。宣戦布告のないまま、日本軍は北京・上海・南京・広東と戦線を拡大、全面戦争に突入した。四一年十二月八日の日米開戦とともに蒋介石政権が宣戦布告したため、一般的には三七年から四一年までの期間を指す。

なぜこんなことが起こるのでしょうか。

それは日本人の行動として、そう不思議な現象ではないのです。

主義主張よりは「勢力の最強なものと一体になることを重視する」。

第二次大戦前の軍部と仲良くする、欧州で権勢を誇ったヒトラーを崇拝する（この点では吉田茂は反対の立場を取っています）、戦後は米国と一体になる、これらの行動は「勢力の最強なものと一体になる」という視点に立てば、何の矛盾も出てきません。

すでに『戦後史の正体』で書いたことですが、トルーマン大統領は次のように記述しています。

「マサチューセッツ大学の総長コンプトン博士は（日本から）帰国した後ホワイトハウスに来て私に説明した。彼からもらった覚書は次のとおりである。

日本は事実上軍人をボスとする封建組織の中の奴隷国であった。

それで一般の人は、一方のボスのもとから他方のボス、すなわち現在のわが占領軍のもとに切り替わったのである」

吉田茂はまさにこれに該当します。

軍が全権を持っていたとして、真珠湾攻撃容認はどのような過程を経て

決まっていったのでしょうか。必ずしも一直線ではありません。危機を避けるいくつかの機会がありました

真珠湾攻撃が行なわれた年、一九四一年でも、日本政治の中枢部にいた人々が対米戦争を常に容認していたわけではありません。

その経緯を服部卓四郎《はっとりたくしろう》著『大東亜戦争全史　1』（鱒書房）、防衛庁防衛研究所戦史室著『大東亜戦争開戦経緯（5）』などから順を追って見てみると（詳細は次章で見ていきます）、いくつかの「IF（もしも）」が浮かび上がります。

この「IF」を見ながら、真珠湾へのターニングポイントとなる動きを見てください。

・近衛首相が内閣を投げ出さなかったならば、一九四一年中には戦争突入はなかったでしょう。

・一九四一年冬、ドイツ軍はクレムリンまであと十数キロのところまで迫りましたが、例年より早い冬によって発生した泥濘《でいねい》と降雪が進撃の足を止め、赤軍も猛抵抗したことによりドイツ軍の攻勢は頓挫《とんざ》しました。ドイツ軍の圧勝という前提が崩れれば、日本軍部も異なった選択をしたでしょう。

ドイツ軍のモスクワ侵攻作戦が完全に頓挫した日が一九四一年十二月八日です。真珠湾は日本時間一九四一年十二月八日未明、ハワイ時間十二月七日です。

もし真珠湾攻撃が二週間後に予定されていれば、日本は真珠湾攻撃をしなかったと思います。

・米国は欧州を守るため、ドイツと戦う機会を探っていましたが、その契機は難しかった。従って日本が攻撃するのを待っていました。このことを指摘する人は当時、上層部にはほとんど見えません。米国が待っている「罠《わな》」という認識があれば事態は変わったと思います。

佐藤賢了《さとうけんりょう》（開戦当時陸軍軍務課長）は後々この罠を認識して、懺悔《ざんげ》しています。

・天皇は戦争に入ることを明らかに躊躇《ちゅうちょ》していました。この時断固反対の姿勢を貫けば、東條首相も強引に突き進むのは難しかったと見られます。

しかし、これは天皇にもリスクがあります。

戦争反対になれば軍部は昭和天皇を廃位に追い込んでいったと思います。後継には、例えば、高松宮などが想定されます。

・近衛内閣崩壊の後、天皇が開戦派の東條以外の人物を指名していたら、違った展開になっていたでしょう。

可能性のある人物の一人は宇垣一成《うがきかずしげ》です。宇垣一成は陸相を経験し、陸軍の大物でした。同時に軍部ファシズムの流れには批判的見解も持っています。また中国や英米などの外国にも穏健な姿勢を取るときがありました。近衛内閣が崩壊したときには、若槻禮次郎、岡田啓介、清浦奎吾《きようらけいご》が宇垣を推薦しています。ただし、天皇との関係は良好でなかったようです。

一番実現性のあったのは東久邇宮です。天皇が支持すれば実現しました。東久邇宮であれば、間違いなく一定期間は開戦を避けていました。

・海軍には米国との開戦に批判的な人が多くいました。開戦直前の十月三十日には海軍次官が大臣に開戦反対を述べているような状況だったのです。

しかし、海軍もまた、いつの間にか主戦派が重要な地位を占めました。

参謀総長を務めた杉山元《すぎやまげん》は、国策に関わる会議の模様を書き残しています。いわゆる「杉山メモ」です。その中に一九四一年十一月一日の「国策遂行要領」を再検討する会議（第六十六回連絡会議）が記されています。

・再検討会議では、一案・対米開戦回避、二案・開戦決意、三案・開戦準備しつつも外交交渉継続の三案が議題でした。この時、賀屋興宣《かやおきのり》蔵相が「いつ戦争したら勝てるか」と質問すると、永野修身海軍軍令部総長は強い口調で「今！　戦機は後には来ぬ」と答えています。

前任の及川海軍大臣は開戦を逡巡していました。さらに海軍内には多くの反対者が存在していました。特に退役した海軍の有力者たちにこの傾向が強かったのです。短期間のうちに海軍内部で主戦派が優位を占めることがなければ、開戦回避もあり得たのではないでしょうか。

・米国は日本に先制攻撃をさせて、国論を戦争参加に誘導する機会を狙っていました。もしこの事実を当時の日本が共有していれば、事態は違った展開になっていたと思います。

次章から、この「ＩＦ」を踏まえて、真珠湾攻撃に踏み込む前にどのような流れがあったかを、追ってみたいと思います。

日本国民を煽《あお》り、国民を好戦的にして、軍部の横暴を許す風潮を作り、それが日本中を凌駕したマスコミ。その罪もまた極めて大きいものがあります私は、新右翼団体「一水会《いっすいかい》」最高顧問（当時）の鈴木邦男《すずきくにお》さんと対談し、『いま語らねばならない　戦後史の真相』（現代書館）を出版しました。

戦前、右翼は軍部と結びつき、日本社会の弾圧、中国進出に大きい役割を果たしました。従って右翼は独特の戦前史観を持っています。

鈴木邦男氏がこういう発言をしました。

日露戦争から後の日本社会では、新聞の役割・影響力も大きくなったと思います。日露戦争時、大いに販路を拡大させた新聞社が宅配制度を始め、戦争報道が一番の「娯楽」となってしまうと、どうしても強硬な意見をはく人たちがヒーローになっていく。「戦争にのめりこんでいいのか？　ちょっと待てよ」という人は「腰抜け」とか「卑怯者」とか叩かれる。この傾向はいまでもそうですが……。当時の世論は危ないですね。極端に言えば、あのとき新聞がなければ後に第二次大戦でアメリカと戦争しなくとも済んだのではないでしょうか。

正しい判断と思います。

では、マスコミ側はどのように見ているでしょうか。

『検証　戦争責任』（中央公論新社）という本があります。渡辺恒雄《わたなべつねお》主筆の提言で設置された「読売新聞戦争責任検証委員会」というプロジェクトチームが執筆しました。

申し訳ないのですが、今日の日本の混乱は渡辺恒雄氏によるところが多いと思っていますので、信頼するという気持ちもさしてなく手にしました。でも内容は素晴らしいものを含んでいました。その一つがメディア批判です。

満州事変後、新聞各紙は、特派員を大勢派遣し、軍部の動きを逐一報道した。それにあおられるようにして、国民は好戦的になっていった。「満蒙は帝国の生命線であり、必ず守らなければならない」という世論は、新聞によって形成されたとみてよい。

新聞各紙とも、満州国独立構想、リットン報告、国際連盟脱退などを追い続け、戦況報道によって部数を飛躍的に伸ばしていった。利潤の追求が、言論機関としての使命より優先されていった。関東軍が、満州国に国民の支持を得ようと、新聞を徹底的に利用しようとしたのも確かだ。しかし、軍の力がそれほど強くなかった満州事変の時点で、メディアが結束して批判していれば、その後の暴走を押しとどめる可能性はあった。

たぶん今日にも該当する批判です。

右引用の最後の部分、「軍」を「安倍政権」と置き換えてみます。

「安倍政権が、国民の支持を得ようと、新聞を徹底的に利用したのは確かだ。しかし、安倍政権がそれほど強くなかった時点で、メディアが結束して批判していれば、その後の暴走を押しとどめる可能性はあった」

［第二章］

真珠湾攻撃への一五九日間

日米開戦が決定的になるのは、一九四一年七月二日の御前会議、南部仏印進駐の決定でした。
しかし、この時点で、いくつかの「IF（もしも）」が起こっていれば、
日米開戦は回避できたのです。

1941年10月18日、東條英機内閣が組閣された。海相は嶋田繁太郎、外相は東郷茂徳。第三次近衛内閣が総辞職し、17日の重臣会議で東條陸相の後継内閣首班が決まった
©朝日新聞社／amanaimages

日露開戦以降の基本的な流れ

歴史にはさまざまな「ＩＦ」があります。「あのとき、この人が事件の責任者でなかったら」とか、「あのときこの事件が起こらなかったら」といったことです。

同時に、川の流れのように、一人二人の抵抗では如何《いかん》ともしがたい歴史の流れもあります。

日本が真珠湾攻撃に向かうのは、日露戦争以降の満州への進出と関連し（日露戦争と満州については後で詳しく書きます）、必然的流れのようにも思えます。この流れに沿う人や動きは増幅され、異なる流れは次第に勢力をなくするようです。

①日露戦争で南満州《みなみまんしゅう》鉄道をロシアから得た（ポーツマス条約では「長春《ちょうしゅん》（寛城子《かんじょうし》）旅順口《りょじゅんこう》間ノ鐵道《てつどう》」となっています。日本はこれを基礎に一九〇六年南満州鉄道株式会社を作りました）。だからこの沿線を確保しなければならない

②満州の治安を維持するためには、満州を中国と切り離さなければならない

③満州の治安を維持するためには、中国東北部を制圧しなければならない
④満州に接する中国の領域を抑えるためには、上海《シャンハイ》などの抗日運動を抑えなければならない
⑤上海を制圧するには、重慶《じゅうけい》にいる蔣介石《しょうかいせき》政権を倒さなければならない
⑥欧米は蔣介石政権を支えるため武器をベトナム、ビルマなどを経由して送っている。このルートを遮断《しゃだん》するため仏領インドシナに進出する

◎日露戦争
一九〇四〜〇五年、韓国と満州の支配をめぐって戦われた日本とロシアの戦争。日本軍による旅順占領、奉天会戦でのロシア軍退却、さらに日本海海戦で日本艦隊がバルチック艦隊に勝利すると、アメリカ大統領セオドア・ルーズベルトが調停に乗り出し、〇五年九月アメリカのポーツマスで講和条約が成立。

◎南満州鉄道
一九〇六年に設立された半官半民の国策会社・南満州鉄道株式会社が経営した鉄道。満州支配の動脈的存在といえる。日露戦争後、ポーツマス条約によって譲渡された東清鉄道をベースに、大連・長春間の本線といくつかの支線があった。一九四五年、中国に接収された。略称・満鉄。

⑦ 米国が対抗措置として石油の全面禁輸を行なった。インドネシアの石油を確保しようとすると米国と対立するので、日本側から米国を先に攻撃する

歴史にはさまざまな「ＩＦ」があり、一直線ではありませんが、この①から⑦への基本的な流れは底流として強く存在していたと思います。

こうした中で、日米戦争が決定的になるのは、一九四一年七月二日の御前会議において正式に裁可された日本軍の南部仏印（仏領インドシナ、現在のベトナム・ラオス・カンボジア）進駐が、七月二十八日に侵攻を実行してからです。米国は「これを許さじ」と決め、このときから真珠湾攻撃までの最後の一五九日間で、この流れが確定します。

それでも、この時点では日米戦争は回避が可能でした。

もしも……

① 近衛首相が断固、戦争に反対したら
② 近衛内閣崩壊後、東久邇宮首相が成立していたら
③ 海軍の相当の人々が抵抗しています。海軍に軍令部総長・永野修身を排除する力があったら

このように、多くの「ＩＦ」があります。

この章では、どこで、「真珠湾への攻撃が回避できたであろうか」を考えながら、事実関係を整理していきたいと思います。

真珠湾攻撃にいくつかのターニングポイントがあります。その一つが仏印侵攻です。流れは①日本軍の仏印侵攻→②米英蘭の石油全面禁輸→③ジリ貧になる。その前に戦争を判断→真珠湾攻撃。なぜ仏印侵攻を決定したかが、極めて重要です

一九四一年、日米双方は戦争の可能性を内蔵しながら、日米交渉をしていました。

第三次近衛内閣の外務大臣であった豊田貞次郎（一九四一年七月十八日から同年十月十八日まで外務大臣。元海軍軍人）は「〔私が外相になった当時、**日米交渉では〕二つの主要な問題がありました**（略）。**第一の問題は、中国大陸からの日本軍の撤退でした。第二の問題は、日独伊の結びつきを弱めることでした**」と述べています（『開戦の原因』）。

この微妙なときに、日本は米英を強硬な政策に向かわせる南部仏印進駐という愚策を行ないます。

なぜだったのでしょうか。

この時機、日本は中国で蒋介石政権と戦っています。これに対し英米が武器供与で中国を助けています。

この蒋介石を援助する武器供与の「援蒋ルート」(蒋介石を援助するためのルートのこと。香港からのルート、フランス領インドシナ北部のハイフォンに陸揚げされた物資を昆明《こんめい》まで輸送する仏印ルート、ソ連経由のルート、ビルマルートは新旧二つの陸路と一つの空路)は四本ありましたが、その中の最大のルートが、フランス領インドシナ経由です。

日中戦争を継続している中で、このルートを排除するのは一つの判断だと思います。杉山元参謀総長は、南部仏印進駐を決めた七月二日の御前会議で「英米の策謀を封殺するには是非必要である」と述べています。

問題は、このルートはまさに米英が関与しているのですから、当然米英は反発します。原嘉道《はらよしみち》枢密院議長はこの御前会議で疑念を挟《はさ》んでいます。


「武力行使は事重大なり」

「直接武力行使を有無を言わせずやって侵略呼ばわりされる事はよくないと思う」

「はっきり伺いたいのは日本が仏印に手を出せば米が参戦するや否やの見通しの問題

である」

この質問に対して、松岡外務大臣は「絶対にないとは言えぬ」と答え、杉山参謀総長は次の回答をしています。

「英米を刺激するは明らかなり」

「米国に対しては独ソ戦争の推移が相当影響する。ソが速かにやられたらスターリン政権は崩壊するであろうし又米国も参戦するまい」（『杉山メモ』参謀本部編、原書房）

杉山参謀長は二つの判断ミスをしています。

一つは「ソが速かにやられる」という見通しの間違いと、もう一つは「米国も参戦するまい」という判断です。

前者はドイツに対する過度の信頼です。

◎**豊田貞次郎**（とよだていじろう／一八八五－一九六一）

海軍軍人、政治家、実業家。海軍兵学校卒業後、オックスフォード大学留学。英国大使館付武官、ロンドン海軍軍縮会議随員などを経て一九三一年、海軍省軍務局長。第二次近衛内閣で海軍次官、予備役編入して商工相。第三次近衛内閣で外相。四一年、日本製鉄社長就任。戦後、貴族院議員。五六年まで公職追放。

後者は米国の情勢を見極めていれば、下さなかった読みです。一九四〇年十二月にはルーズベルト大統領を筆頭に米国指導部は枢軸側と戦わなければならないと判断をしています。

この会議には次のような発言がなされています。

近衛首相：「自存自衛の基礎を確立するため、南方進出の歩を進める」
杉山参謀総長：「南部仏印に軍隊を派遣するのは（中国）重慶政権と英米勢力の連鎖を分断するため極めて必要」
永野軍令部総長：「自給自足の態勢の確立が極めて重要。対英米戦に立ち至ることあるを予期せられますので之をも辞せざる覚悟を以て準備が肝要」

ご記憶でしょうか。

私たちはすでに近衛首相が寺崎外務省アメリカ局長に語った「寺崎君。ひとは僕を総理大臣という。それはまさにそうだ。しかし、現在の日本をホントに動かしているものは、総理大臣であるこの僕ではなく、陸・海軍の軍務局長だよ」という言葉を見ました。（74ページ）

まさに、統帥《とうすい》権を杉山陸軍参謀総長と、永野海軍軍令部長が牛耳《ぎゅうじ》っているのです（統帥権とは、軍に対する命令権のことです。この問題は重要なので後で詳しく見ていきます）。七月二日の御前会議という重要な会議で、原枢密院議長が投げかけた「英米が、対日戦争に入る前に、〝石油の全面禁輸〟という手段に訴えるという可能性がある」という指摘には、誰も、言及していません。

では「侵略呼ばわりされる事はよくない」（104ページ）という点はどうなったでしょうか。

ここでも甘い見通しを立てます。

インドシナはフランスが支配していました。

だから、「フランスが承認してくれればいい」という考えが出ます。

一九四〇年六月、ドイツ軍はフランスを破ります。ドイツ軍の占領下、フランスはヴィ

◎**杉山元**（すぎやまげん／一八八〇‐一九四五）
陸軍軍人。一九三六年に教育総監となり、同年、陸軍大将に。三七年、近衛文麿内閣の陸軍大臣となる。四〇年から四四年にかけて参謀総長として太平洋戦争を指導。四五年、本土決戦に備えて設立された第一総軍司令官となったが、敗戦後の九月十二日に司令部において拳銃自殺。

シーに首都を移し、ナチ政権に隷属的立場を取るヴィシー政権を作ります。

日本はこのヴィシー政権と「仏領印度支那《インドシナ》ノ共同防衛ニ関スル日本国『フランス』国間議定書」を結びます。

日本は条約に基づく行動であるとして、仏印進駐を「平和進駐」と説明します。

ドイツがフランスを破ったことによって陸軍内には「早期に仏印を日本が支配すべし」との論が台頭します。

当時軍務課長であった佐藤賢了は『大東亜戦争回顧録』（徳間書店）の中で次のように記述しています。

「仏印はゴムの産地として有名で、このころの生産量は五万トン以上であった。（略）そのほか、錫《すず》、タングステン、無煙炭、米など日本の不足資源は豊富であったからこれに垂涎《すいぜん》したのもやむをえなかった。仏国の全面降伏によって、この宝庫が街頭に投げ出された形となった。誰が拾うか？（略）

米国がもし仏印を管理するとか、駐兵でもして蔣軍を援助することになれば、支那事変は永遠に解決の目途を失う。だから米英に先手を打って仏印対策を講じなければならなかった」

一見もっともの議論のようですが、正しい論ではありません。この少し後の八月、米英首脳は会談し大西洋憲章を発表します。そこでは、第一章に「両国は領土的その他の増大を求めず」としています。

問題は日本軍の仏印侵攻に米国がどう反応するかです。

米国はこれを了承したという甘い見通しが当時日本政府にあったようです。

その当時の外務大臣・豊田貞次郎は「日本側は米国に（野村大使を通じて）仏印を経て昆明《こんめい》に侵攻することを説明し、アメリカが承認したものと思いました」と述べています（『開戦の原因』）。

当時の軍務課長の佐藤賢了も「南部仏印にわずかの日本軍が進駐したからといってフィリピンや蘭印と米国の交通に脅威を感ずるよりも、ハワイに米国太平洋艦隊が駐留していることが、はるかに日本に脅威を与えている。だから、南部仏印進駐によって米国が対日戦争をしかける理由はない」との判断をしています（『大東亜戦争回顧録』）。

こうした判断は**「勝手読み」、自分の都合のいいように解釈することです。これは「真珠湾への道」で顕著に見られる日本の特性です。**

日本の仏印侵攻はフランスがドイツに占領されているときのヴィシー政権との条約に基づき行なわれていますから、米英は当然これを了解しません。一九四〇年の六月十六日ドイツ軍によってパリが陥落しましたが、ド・ゴール将軍は、ロンドンに亡命します。そして六月二十三日、ド・ゴールはフランスの正統な政治的権威を持つ組織として「臨時フランス国家委員会」を設置し、チャーチル首相率いるイギリス政府はヴィシー政権を否認するとともに、委員会設置を支持しました。こうした中、ヴィシー政権との合意は英仏の反発を買いこそすれ、正当性はとても容認されません。

仏印進駐が米国との戦争になることを指摘したのは、先にも触れました（104ページ）が、原嘉道枢密院議長です。この原嘉道とはどういう人でしょうか。

原は大学卒業後、農商務省に入ります。帝国大学法科大学英法学部を首席で卒業したという人物で、もともとの望みであった弁護士となり、一九二七年に田中義一内閣の法相となります。法相時代の一九二八年には治安維持法に基づき日本共産党の一斉検挙や思想検事を設置したりしていますから、右派の中心人物です。法相辞任後、中央大学学長として「法律の中大」の基礎を作りました。一九四〇年に枢密院議長になっています。

この人が、先の御前会議の様子で見たようにこの時期、政府の中にあって、最も勇気を持って発言しています。

この南部仏印進駐が真珠湾攻撃への糸口になりますが、近衛首相らは危機感を持っていたのでしょうか。いいえ、驚くほどに危機感はないのです戦後総理大臣となった幣原喜重郎は、一九二〇年代に国際協調外交を展開しました。彼は著書『外交五十年』の中で、危機感の欠如について、次のように書いています。

日華事変から太平洋戦争にかけて、私はただ悶々の日を送る外はなかった。**一九四一年の夏、近衛首相から面会を求められた。**明治神宮の近くに公の親戚が居るので、公はそこへでかけ、私に裏の方からその家に行き、そこで会合をするようにしたいと申越された。

近衛公は私に向かって、「いよいよ仏印の南部に兵を送ることにしました」と告げた。私は、「船はもう出帆したのですか」と聞くと、「エエ、一昨日出帆しました」という。

「それではまだ向こうに着いていませんね。この際船を途中、台湾かどこかに引き戻して、そこで待機させることは、出来ませんか」

「すでに御前会議で論議を尽して決定したのですから、今さらその決定を翻《ひるがえ》すことは、私の力ではできません」との答えであった。

「そうですか。それならば私はあなたに断言します。これは大きな戦争になります」

と私がいうと、公は、「そんなことになりますか」と、目を白黒させる。

私は、「きっと戦争になります。それだから、出来るならば途中から引き返させて台湾かどこかの港に留めて置き、ワシントンの日米交渉を継続して、真剣に平和的解決に全力を挙げられたいものです。しかしもう日本軍がサイゴンかどこかに上陸したならば、アメリカと交渉しても無益ですから、それはおやめになったらよいでしょう（略）」というと、公は非常に驚いて、

「それはどうでしょうか。いろいろ軍部とも意見を戦わし、しばらく駐兵するというだけで、戦争ではない。こちらから働きかけることをしないということで、ようやく軍部を納得せしめ、話を纏《まと》めることが出来たのです（略）」というから、

「それは絶対にいけません。見ていて御覧なさい。ひとたび兵隊が仏印に行けば、次には蘭領印度（今のインドネシア）へ進入することになります。英領マレーにも進入することになります。そうすれば問題は非常に広くなって、もう手が引けなくなります。（略）」

じっと聞いていた近衛公は顔面やや蒼白になり、「何か他に方法がないでしょうか」という。

「それ以外に方法はありません。この際思い切って、もう一度勅許《ちょっきょ》を得て兵を引き

返す他に方法はありません。それはあなたの面子《メンツ》にかかわるか、軍隊の面子にかかわるか知らないが、もう面子だけの問題じゃありません」と、私は断言したのであった。

話はこれで打ち切りとなり、近衛公との会談は、不愉快な煮え切らぬもの別れとなった。こうして私が予言した通り、仏印進駐がきっかけとなって、とうとう大戦に突入してしまった。

すでに近衛首相が七月二日の御前会議で「自存自衛の基礎を確立するため南方進出の歩を進める」という考えを述べています。

「自存自衛の基礎を確立するため」という目的は解ります。

問題は、そうした行動をした場合に関係国がどのような反応をするかの判断です。

南部仏印進駐の決定はいくつかの段階を経ています。

六月十二日、連絡懇談会。

六月二十五日、総理、両統帥部長列立の上奏し、裁可を得る。

七月二日、「情勢ノ推移ニ伴フ帝国国策要綱」を御前会議で決定する。

ここで、「帝国は其の自存自衛上南方要域に対する必要なる外交交渉を続行し其の他各般の施策を促進す」「之か為対英米戦準備を整え先つ『対仏印泰施策要綱』及『南方施策促進に関する件』に拠り仏印及泰に対する諸方策を完遂し以て南方進出の態勢を強化す」「帝国は本号目的達成の為対英米戦を辞せす」（要綱の二）と決めています。

日本は幣原喜重郎という人物を、戦前、ずいぶん、粗末にしたものです。

近衛首相は何を考えていたのでしょうか。

実は彼が恐れていたのは日米開戦の可能性ではなくて、軍でした

近衛首相は手記『平和への努力―近衛文麿手記』（日本電報通信社）にこう記しています。

その当時の事情として（略）、軍を制御してその要求を全面的に拒否することは、徒らに軍との正面衝突の結果となる。（略）

対米交渉の妥結の見込は最も濃厚なりし時なれば、戦争の危険に対しては十分これを減殺する自信最も強かりしなり。（略）

南方進出の為には（略）対米英戦争起るべき場合をも予想し、（略）戦争に至る迄には未だ十分の余裕あり、之を回避し得ることに十分の成算あり。（略）

南方進出にはそれによりて蔣政権の屈服を促進し以て支那事変を解決せんとする大目的あること注目に値す。

この時期、近衛首相は「対米関係は何とかなるだろう」「しかし軍と対立するわけにいかない」という考えを持っていました。

軍が実力行使を行ない、自分を排除することを恐れていました。

一九四一年八月一日、アメリカは「全侵略国に対する」石油禁輸を発表しました。石油がなければ、軍は首を絞められたも同然です。ここから日本は一気に「戦争辞さず」が高まります。まさに米国が描いていたシナリオです

八月一日、アメリカは「全侵略国に対する」石油禁輸を発表しました。

英米による石油禁輸が実施されると、途端にみな、事態の深刻さに気づきます。

従来、対米強硬論を張っていたのは陸軍です。海軍は米国の力を知っていますから、これまでは戦争に慎重です。しかし、石油が入ってこなくなりました。

戦争しなくとも、石油はどんどん消費していきます。一年半か二年後には現在保有している石油もなくなると予測されます。

ここから、「このまま推移したならば、日本海軍は約二か年を出でずして、全く機能を喪失し、（略）重要産業も、一年を出でずして麻痺状態となり」との判断が出てきます（『大東亜戦争全史』）。

石油がなければ、その確保に南方に進出する、そうすれば米国と戦わざるをえないという流れになります。

旧陸軍に石井秋穂《いしいあきほ》という人がいます。開戦直前、陸軍省軍務局軍務課高級課員でした。陸軍幼年学校、陸軍士官学校で恩賜《おんし》の銀時計をもらったという人です。陸軍きっての理性派とされ、戦争を避けるのに努力した人です。彼が次の証言をしています。

「資産凍結を受けてね、それから、約一週間ばかり考え通したですよ。どうしようかと……。夜も昼もうちにおっても役所に出ても、それぱっかりを考えた。そして、もう一滴の油も来なくなりました。それを確認した上でね、それで、わしは戦争を決意した。もうこれは戦争よりほかはないと戦争を初めて決意した」（NHKスペシャル「御前会議」一九九一年八月十五日放映）

次第次第に戦争に傾いていきます。この動きを、時系列で見ていきたいと思います。第一章で述べたように（91ページ）、主な出典は服部卓四郎の『大東亜戦争全史　1』です。時系列で見ていく前に、ここで著者・服部卓四郎という人物について触れておきましょう。

一九四〇年十一月に参謀本部作戦課の作戦班長、一九四一年七月には作戦課長に就任します。服部卓四郎は開戦時の陸軍の作戦の多くを作ることになります。さらに第二次大戦後も活動します。GHQ参謀第二部（G2）部長ウィロビーの下で働きます。そして陸軍中央の要職についた経験のある中佐級、大佐級の人材からなる「服部機関」を作り、GHQやCIAに情報提供しました。

『大東亜戦争全史』は第二次大戦についての最も権威のある本の一つです。

八月十六日、陸海軍局部長会議が開かれた。陸軍は米国に対する重大決意は海軍の主導すべきものと考えていた。ここで海軍は初めて「十月中旬に至るも外交妥結せざる場合には実力を発動する」とする「帝国国策遂行方針」を提示した。（『大東亜戦争全史　1』）

天皇はこの時点、軍部に対し不満を持っています。八月五日、天皇は東久邇宮に対し次の不満を表明しました。

「軍部は統帥権の独立ということをいって、勝手なことをいって困る。ことに南部仏印進駐にあたって、自分は各国に及ぼす影響が大きいと思って反対であったから、杉山参謀総長に、国際関係は悪化しないかと聞いたところ、杉山は、なんら各国に影響することはない、作戦上必要だから進駐致しますというので、仕方なく許可したが、進駐後、英米は資産凍結令を下し、国際関係は杉山の説と反対に、非常に日本に不利になった。陸軍は、作戦、作戦とばかりいって、どうも本当のことを自分に言わないで困る」（『一皇族の戦争日記』）

真珠湾への道は①日本軍の仏印侵攻→②米英蘭の石油全面禁輸→③ジリ貧になる。その前に戦争の判断→真珠湾攻撃です。しかしすでに見たように、本来違った道があったのです。ご記憶でしょうか、石原莞爾はこう述べました（48ページ）。

「東條軍閥は石油がほしいので、南方諸島を取ろうとしている。石油のないことは始めからわかりきったことだ。何がない、かにがない、だから他国の領土に手をつける、これは泥棒ではないか。**石油がなくて戦争ができないなら、支那事変は即時やめるがよろしい**」

（『秘録　石原莞爾』）

八月九日から十三日まで大西洋洋上でルーズベルト大統領とチャーチル首相は会談します。ここで日独枢軸との戦いを詰めます。大西洋憲章を採択しナチとの戦い（枢軸の日本との戦いを意味します）が前面に出ています

ルーズベルト大統領とチャーチル首相は各々が軍艦に乗ってきて大西洋、ニューファンドランド島沖の洋上で会談しました。

会談内容はほとんど公表されませんでしたが、大西洋憲章を発表します。

大西洋憲章は、「合衆国と英国の領土拡大意図の否定」など戦後の体制作りの構想を述べていますが、第六項に「ナチの暴虐の最終的破壊の後」の記述があります。

チャーチル首相は大著『第二次大戦回顧録』の中で、「ナチ圧制の最後的破壊（これは私の原案に出てくる語句に基いたもの）への言及が含まれていることは、平常な時代ならば戦争行為を意味する挑戦であったであろう」と記述しています。

大西洋憲章はほぼ宣戦布告に近いものだったのです。

さらにチャーチルとルーズベルトは八月十一日、極東問題を議論しています。

米国が日本に対してさらに対抗措置を取らざるを得ないことに合意しています。

大西洋会談で、米英は日本とドイツの枢軸と戦う決意を固めています。

陸軍は対米戦争の方針を固めています。

しかし、陸軍中枢、参謀本部に米国を知っている人は、ほぼ皆無です

第二次大戦後、旧軍人が職を探すのは困難でした。

外務省は旧軍で枢要《すうよう》なポストにいた人を何人か嘱託《しょくたく》で雇いました。

私が分析課で勤務したとき、陸軍でロシア課長をした人の話を聞きました。

「私は満州で参謀でした。

戦争が始まり、私の部隊に南方へ行くよう指令が来ました。

満州では、服装など装備は北に向けてのものです。それで南方用の服装は準備しているかと聞いたら、『暑いからなんとかなるから行け』と言われました。

装備の面だけではありません。私も参謀ですから、米国の戦略を勉強したいので（対米戦略についての考え方の資料を）送付するように依頼したら、『そんなものない』と言われました。

対米戦争を始めて、あまりの準備不足に唖然《あぜん》としたものです」

こんな酷《ひど》い話があるかと聞いていたのですが、実態はそれに近いようです。

杉田一次《すぎたいちじ》という旧軍人がいます。開戦時参謀本部に務め、戦後陸幕長になった人です。彼の『日本の政戦略と教訓』（原書房）は次の記述をしています。

軍首脳部は米（英）に関する理解認識が殆《ほと》んどないまま作戦が準備せられたと言って差支えなく、重要部局における陣容にもよくそれが現われている（開戦時の九月頃）。

陸軍省
陸軍大臣　東條中将（独駐在）
同次官　木村中将（独駐在）
軍務局長　武藤少将（独駐在）
軍事課長　真田大佐（外国駐在なし）
軍事課課員一三名中、外国勤務したもの二名（米・独）。

参謀本部
参謀総長　杉山大将（印度・シンガポール・スイス駐在）
同次長　塚田中将（外国駐在なし）
第一（作戦）部長　田中（新）少将（ソ連・ポーランド駐在）

作戦課長　　　服部大佐（仏駐在）
作戦課課員一九名中二名（英・独）外国に駐在。

驚くべき状況です。戦争しようという米国に勤務した経験のある者が課員一名いるのみです。

陸軍はロシアとの戦争は考えていましたが、米国と戦うことは全く考えてきませんでした。ですから、対米戦略などないのです。その陸軍が「米国と戦うべし」と主張しているのですから、全く倒錯《とうさく》した状況にありました。

なぜそれなのに陸軍の主張が通ったのか。それは他を排除する力でした。

八月二十七日、二十八日陸海軍局部長会議。
この時期海軍は開戦に強く反対しています

陸軍は陸海軍の局部長級レベルで開戦への合意を取りつけようとしていますが、海軍は最終的な合意には反対ですが、次第次第に開戦を唱える陸軍に引き寄せられています。

八月二十七日、二十八日に、陸海軍局部長会議が開催されます。ここでは、岡敬純海軍軍務局長が、「戦争決意に絶対不同意」を表明しています。

陸軍は「戦争を決意」を求めます。

結局両者は「戦争を辞せざる決意の下」とすることで合意します。開戦の場合、「期日は十一月初頭でなければならぬ」と意見の一致を見ています。この合意で進んでいきます（『大東亜戦争全史　1』）。

現在の対立を避けるために、とりあえず最終決定を後ろに持ってくる、その約束が後々威力を発揮していきます。


九月二日、連絡会議（首相、各大臣出席）。

「対米（英蘭）戦争を辞せざる決意の下に概《おおむ》ね十月下旬を目途とし戦争準備を完整す」


軍の意思決定機関を見ておきたいと思います（125ページの図も見てください）。

天皇の命令を出す最高司令部が大本営です。

大本営の決定には首相など政府が参画しません。

一九三七年、近衛首相が、軍隊を指揮する「統帥」と、国の政治にかかわる「国務」との一致を図るべきであると主張して、大本営と政府の主要メンバーの間で随時会談する協議体ができました。これが連絡会議です。
戦争方針の決定は九月六日の御前会議で行なわれますが、基本的にはその前の、九月二日の連絡会議で決定されました。
ここで「帝国国策遂行要領」という重大国策が決定されます。
この決定で最も重要なのは次の部分です。
「帝国は自存自衛を全うする為対米（英蘭）戦争を辞せざる決意の下に概ね十月下旬を目途とし戦争準備を完整す」
この方針について永野軍令部総長が提案理由を次のように述べました。
「日本は各般《かくはん》の方面に於て特に物が減っている。（略）
これに反し敵側は段々強くなっている。時を経れば、愈々《いよいよ》足腰立たぬ。（略）
到底外交の見込みがないときは、早くしなければならぬ。今ならば勝利のチャンスがあることを確信するも、このチャンスは時と共になくなるのをおそれる。（略）
敵に王手と行く手段はない。然《しか》し王手がないとしても、国際情勢の変化により取るべき手段はあるだろう。**要するに軍としては、極度の窮地《きゆうち》に陥《おちい》らぬ時機に起《た》つことと、開戦時機を我方で定め先制の利を占《し》むることが必要であり、これにより勇往邁進する以外に手がない**」

開戦までの御前会議と、その参加メンバー

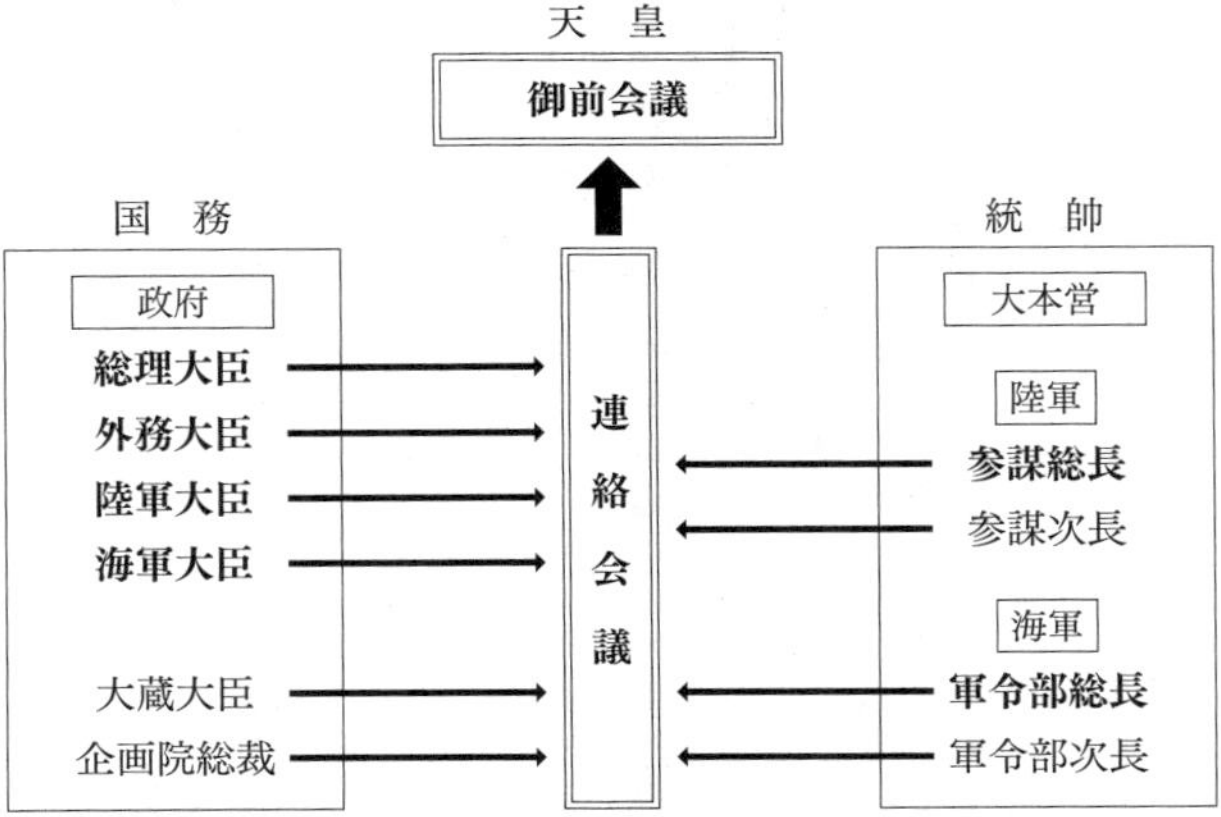

太字は主要メンバー。御前会議には大本営政府連絡会議の参加メンバーのほかに、枢密院議長、宮内大臣が加わる。なお連絡会議は書記官長と陸海軍の軍務局長が幹事役となった。

開催日	議長(首相)	議題
1938年1月11日(昭和13)	近衛文麿	支那事変処理根本方針
1938年11月30日(昭和13)	近衛文麿	日支新関係調整方針
1940年9月19日(昭和15)	近衛文麿	日独伊三国同盟
1940年11月13日(昭和15)	近衛文麿	支那事変処理要綱と日華基本条約案
1941年7月2日(昭和16)	近衛文麿	情勢の推移に伴う帝国国策要綱決定
1941年9月6日(昭和16)	近衛文麿	帝国国策遂行要領　対米英蘭戦争準備完整
1941年11月5日(昭和16)	東條英機	帝国国策遂行要領決定
1941年12月1日(昭和16)	東條英機	対米英蘭開戦の件（開戦の決定）

近衛首相は原案に格別の異論を主張していません。

『大東亜戦争全史』は「近衛首相は、この国策の決定がもたらす情勢の発展を深く考慮することなく、偏《ひと》えに外交交渉による局面の打開に期待を寄せていたのであった」と記しています。

この決定が九月六日の御前会議の決定となるのですが、その後も東條陸相はこの決定は覆《くつがえ》せないと主張していきます。

九月六日、御前会議——天皇陛下を前に、日本は対米戦争に入ることを公式に決定。天皇は「四方《よも》の海 みなはらからと思ふ世に など波風のたちさわぐらむ」と危機感を表明します。

近衛首相は深刻に受け止めておらず、結局この決定が政権の命取りになります

この会議に至る状況を天皇はどのように捉えていたのでしょう。『昭和天皇独白録』（寺崎英成、マリコ・テラサキ・ミラー著、文藝春秋）から天皇の言葉を見てみたいと思います。

確か八月の初旬か或はその少し前か永野（修身）軍令部総長（注：海軍）が戦争の

計画書を持参した。

米国の十月の軍配備状況を予想して之に対する攻撃の計画である。私は之を見て驚いて之はいかんと思い、その后及川（海相）に対し軍令部総長を取替える事を要求したが及川はそれは永野の説明の言葉が足りぬ為だから替えぬ方が良いと云うのでその儘にしたが、九月五日午後五時頃近衛がきて明日開かれる御前会議の案を見せた。之を見ると意外にも第一に戦争の決意、第二に対米交渉の継続、第三に十月上旬頃に至るも交渉の纏らざる場合は開戦を決意すとなっている。之では戦争が主で交渉は従であるから、**私は近衛に対し、交渉に重点を置く案に改めんことを要求したが、近衛はそれは不可能ですと言って承知しなかった。**


この時期、本当は、軍部に対して、近衛首相も無力なら、天皇も無力なのです。

すでに、述べたように、九月六日の御前会議は戦争突入を決めた極めて重要な会議です。

主要関係者の発言を挙げてみます（以下『大東亜戦争全史　1』）。

・近衛首相

「万一外交的措置が一定期間内に功を奏せざるに至りたるときは自衛上最後の手段に訴うることも已むを得ないと存ずるのであります。

政府と大本営陸海軍部とは此の問題に関しまして協議を重ねて参ったのでありますが今回意見一致しまして本日の議題『帝国国策遂行要領』を立案することを得た次第であります」

・永野軍令部総長

「〔九月二日連絡会議の発言を繰り返した後〕

大阪冬の陣の如き平和を得て翌年の夏には手も足も出ぬ様な不利なる情勢の下に再び戦はなければならぬ事態に立到らしめることは皇国百年の為執るべきに非ずと存ぜられる次第で御座います」

・杉山参謀総長

「米英の術策に陥り時日を経過しますれば帝国国防弾撥力は漸時減耗すると共に他面米英等の軍備は逐次増強致たしまして我作戦は益々困難となり遂に米英よりする障碍《しようがい》を排除するの機を失ふ様な事態に立到ります」

このときの天皇の発言は次のように記されています（『近衛日記』）。

「天皇は特に発言し、明治天皇御製《ぎょせい》「四方の海　みなはらからと思ふ世に　など波風のたちさわぐらむ」〔注：世界中が皆同胞と思われる時代に、なんでこんなに大きな波風が立っているのだろうか〕を読み上げて、『余は常にこの御製を拝唱して、故大帝の平和愛好の御精神を紹述せむと務めているものである』と仰せられた。満座《まんざ》粛然《しょうぜん》、しばらくは一言も発するものなし」

この会議を終えて、陸軍、海軍は戦争に突入する準備に入ります。

では、近衛首相は、戦争に進む心づもりを固めていたのでしょうか。

大本営参謀だった原四郎は『大戦略なき開戦』（原書房）の中で次のような内容を記述しています。

「この会議で開戦を決定した。

近衛首相にその当時、その覚悟があったのだろうか。

その後の経緯はその決意がなかったことを示している。

彼は日米巨頭会談など外交的解決に重点をおき、軍にじゃまされずに外交をすることを考えていたのではないか」

九月二十五日、連絡会議――陸海両統帥部長が「外交か戦争かの決断を十月十五日までにするよう」に近衛首相に迫り、近衛首相はショックを受けます

九月六日、御前会議で戦争突入を決めました。

しかし、近衛首相や、豊田外相の姿勢は曖昧《あいまい》です。

それで、九月二十五日の連絡会議で、杉山・永野両総長が連名で「十月十五日までに外交と戦争の転機を決する」要求を出します。

佐藤賢了は次のように記述しています。

「連絡会議の後、首相は陸海両相に『両統帥部長の要求は強いものか』とたずね、東條陸相が『強い要求というより御前会議の決定そのままだから変更できない』と答えたところ、首相は強いショックを受け、いわゆる『近衛公のメンス』を起こして木戸に辞意をもらし鎌倉に引きこもった」（『大東亜戦争回顧録』）

十月一日、真珠湾攻撃への二カ月前。

及川海軍大臣は近衛首相に「米国案を鵜呑《うの》みにするだけの覚悟で進まねばならぬ。

総理が覚悟を決めて前進せらるるならば海軍はもちろん十分援助する」と述べています。東條も「日米開戦は決めかねている」と言っています

ここの模様をまた、佐藤賢了の前掲書で見てみたいと思います。

（東條陸相・及川海相会談について）

及川海相が首相、外相の御前会議決定を骨抜きにしようとする企《たくら》みに同調しているのでないか、と感じた東條陸相は九月二十七日直接及川と会談してこの点を確かめると、及川は御前会議の決定を変更しようとする意思の有無については語らずに「日本だけが過早に世界戦争の渦中に飛び込むのを恐れる」とあいまいな返事をした。

（近衛首相・及川海相会談において）

十月一日の近衛・及川鎌倉会談がどんなことを語ったかについて『太平洋戦争への道』〔鈴木企画院総裁が筆記〕では「**米国案を鵜呑みにするだけの覚悟で進まなければならぬ。総理が覚悟を決めて前進せらるるならば海軍はもちろん十分援助すべく、**陸軍もついてくるものと信ず」と答えたように書かれている。

「陸軍がついてくるものと信ず」と陸軍のことまで及川海相が述べたとは、及川の人がらからいっても私には信じられず、その前の部分も、私が鈴木企画院総裁から聞いているところとは違うようだ。

鈴木氏の話はこうだ。

「近衛公が鎌倉へ引込む前に『宣戦の詔勅に織り込む戦争の大義名分を起草してくれ』といわれたので私（鈴木）は、それは起草はするけれども、海軍のハラがしっかり決まらなければむだであると答えると、近衛公はそれでは及川を鎌倉へ呼んでよく話を聞こう、と答えた。そして十月一日、近衛・及川会談が行なわれた直後、私（鈴木）を呼んで、『及川は海軍としては戦争に自信がない旨を述べた』と伝えた。（略）

七日午前東条・及川会談で**及川が**、「外交上の望みがあるから交渉をつづける必要がある。御前会議決定を変更する考えはないし、戦争の決意をともなうことについても異論はない。ただし**自信はない**。**統帥部の自信とは緒戦の勝利の意味であって、**二、三年先のことは検討中である」と発言した。

この十月七日の東條・及川会談では東條も弱気な面をのぞかせているのです。

さらに引用を続けます。

「七日夕、東条は及川との第二回の会談の際『支那事変で二十万の精霊を失い、このままに放棄するに忍びないが、日米戦ともならばさらに幾多の人命を失うことを思えば、撤兵も考えなければならない。決しかねているところである』と打ち明け」た。

十月六日、海軍は戦争を避けるため、最期の努力を続けます。岡海軍軍務局長も「比島をやらずにやる方法を考えようではないか」と対米戦争回避を考えます。しかしこれは永野に潰されます

多くの人は米国の対応が厳しく、交渉は終わりと見ていますが、海軍の慎重派は巻き返しを図ります。引き続き、佐藤賢了著『大東亜戦争回顧録』で見てみたいと思います。

〔十月六日の陸海軍局部長会議で〕岡海軍軍務局長も「（略）比島をやらずにやる方法を考えようではないか」と発言（略）。〔しかし、翌〕七日、杉山・永野〔軍令部総長〕会談で永野は福留・岡〔海軍軍務局長〕の発言は取り消した。

軍令部は天皇に直属し、その統帥を輔翼《ほよく》する立場から、海軍全体の作戦・指揮を統括することになっています。海軍はその作戦を実施するという建前です。従って、海軍の岡海軍軍務局長がフィリピンへの攻撃を避け、アメリカと戦争するのを回避しようと考えても、永野修身軍令部総長に反対されれば、それで終わりです。

岡海軍軍務局長は東京裁判（極東国際軍事裁判）の口供書で次のように述べています。

海軍は絶えず日米関係継続の方途を見出さんとして熱烈なる希望を有する近衛首相と常に協力せり。（略）野村大将を（駐米）大使に任命する上にまた豊田大将を外務大臣に任命する上に及川海軍大臣は彼らを支持するためその力の及ぶ限り尽せり。（略）

海軍としては日米交渉に当たり支那その他よりの撤兵も思い切って行い差支えなしとの見解を有した。（朝日新聞法廷記者団著『東京裁判　中』東京裁判刊行会）

十月十二日、荻外荘《てきがいそう》五相会議（近衛首相、豊田外相、東條陸相、及川海相、鈴木企画院総裁）で、戦争回避の道が探られます。近衛首相は自分の決断ではなく、多数で回避の結論を出そうとしますこの項も『大東亜戦争回顧録』から事実関係を抜き出していきます。

まず、近衛首相は事前工作をします。

十月十一日夜、富田書記官長が及川海相を訪れ、「会談で首相を援助してほしい」と依頼しますが、及川海相は「戦争するや否やを決定するのは政治問題だから、総理が決めることが適当である」と述べています。

十月十二日午後二時、荻外荘で五相会議が始まります。荻外荘は荻窪《おぎくぼ》にある近衛の別邸で、近衛は戦後一九四五年十二月十六日、この別邸で服毒自殺を遂げています。

ここでは対米開戦が議論されるのですが、出席者を見てください。

豊田外相はもともと海軍、東條陸相は陸軍、及川海相は海軍、鈴木企画院総裁は陸軍です。鈴木は国連脱退を主張した人物で、開戦の主張派です。

見ていただければわかりますが外交官はいません。米国の専門家はいません。

戦略を考えるときの第一条件は外部環境の把握ですから、それが十分できない体制で最良の戦略が出るはずがありません。

（1）御前会議の位置付け

豊田外相：遠慮のない話を許されるならば、九月六日の御前会議決定は軽率であった。

東條陸相：そんなことでは困る。重大な責任においてやったことである。

（2）戦争するか否かは首相の決断とするか否か

及川海相：戦争か、あくまで交渉か、いずれを選ぶかは首相の採決に一任したい。

東條陸相：海相の発言は腑におちない。先ず交渉の成立の見込みがあるかないかが先決問題だ。

（3）日米合意の可能性

豊田外相：駐兵問題に多少のあやをつければ、なお成立の見込みがあると思う。野村大使の十月三日付の電報は「三国条約、日中経済の特殊緊張関係の二件はたいてい解決せられ、残るは駐兵問題一つ」と言っている。

東條陸相：野村の判断が甘いのでないか。他の二つの問題の解決する確率が立った場合には考えられるが、現在では絶対に譲れない。

（4）戦争の動向に対する見通し

近衛首相：戦争は一年、二年の見込みはあるが、三年、四年となると自信はない。いずれの道を選ぶにしても危険がある。要はいずれに多くの危険があり、いずれに大なる確信があるかの問題である。自分としては外交の方により大なる確信があるので、この道を選びたい。

東條陸相：戦争に自信があるかないかの問題は、この前の御前会議のときに論ぜられるべきことである。御前会議において、外交がいかぬという場合には開戦の決定をすると決定せられ、首相も出席して同意されている。いまさら戦争に対し責任がとれぬといわれるのは解し難い。

（５）戦争実施の是非

近衛首相：御前会議決定第三項中の「直ちに」（注：「十月上旬までにわが要求を貫徹しうる目途なきにおいては直ちに対米英蘭開戦を決意す」の「直ちに」）が困難である。さらに検討しなければならぬ。

東條陸相：検討の目的はなにか、御前会議の決定を崩すつもりならば重大である。

及川海相が和戦の決定を総理に一任したことは奇怪なことでした。その真意は海軍省首脳としては戦争に反対であるが、それを明確に表明することを差し控えようとしたものでした。

そして東條陸相は九月六日の御前会議の決定を盾《たて》に、開戦を主張しています。

東條の開戦への決意は固く、見直しを主張する海相の見解に断固反対しています。これを見れば、後、東條を首相にすればどうなるかは明白です。

十月十四日の定例閣議。依然、交渉を継続すべきとする豊田外相と、交渉の鍵である軍の撤兵は譲れないとする東條陸相との見解が対立します。陸相は近衛首相に総辞職を迫ります

続けて見ていきましょう。

定例閣議で東條陸相は言った。「日米交渉の成功の確信の有無を外相にただしたい」

外相：交渉妥結の鍵は、支那における駐兵問題、三国同盟などである。重点は撤兵であり、撤兵すれば交渉妥結の見込がある〔孫崎注：このとき豊田外相は「米側は北部仏印への我軍行動に関しても言及している」とも述べている〕。

陸相：中国の駐兵問題をゆずれば支那事変は全く水泡に帰し、満州事変の基礎を危うくする。しかも北支那は赤化し、日本の敗北となる。（略）駐兵問題で譲るということは結局降伏に等しい。

首相その他、誰も発言する者はなかった。完全に閣内不一致に終わった。東條陸相は近衛首相に総辞職を進言した。近衛首相はその日のうちに総辞職を決意した。

（同前）

十月十四日夜、富田内閣書記官長が最後の努力をします。
海軍大臣を訪れて「戦争できぬ」と言ってくれと依頼します

岡敬純海軍軍務局長は東京裁判での口供書に次を述べています。

「余が海軍大臣より聞く所によれば、（略）その夜内閣書記官長富田は余（海軍大臣）を訪ねて内閣が総辞職せんとの決意を告げ、且つ、**若し海軍が戦争出来ぬと言明せば陸軍も納まるにより海軍の意向を聞きてくれと陸軍軍務局長より依頼されしも、かかることを海軍が言明することは困難ならんと同局長に答えし**と云い、余はこれに同意を表し更に四相会議を開きて大臣間に話しては如何と富田に示唆したるに富田はその朝の閣議の行き詰まり状態に徹して最早時機遅しと答えり」

このときの陸軍軍務局長は武藤《むとう》章《あきら》です。

東京裁判のとき、石井秋穂軍務課高級課員（大佐）は次の証言をしています。武藤のため提出された石井の口供書を朝日新聞法廷記者団の『東京裁判　中』より見ます。

「九月初旬頃から下旬にわたりアメリカの諒解《りようかい》を得るよう日本側の提案は一歩一歩譲歩された。（略）これら提案で（略）武藤は海軍の岡軍務局長と熱心に協力した」

武藤章は日華事変のときには、不拡大方針を立てた上司の作戦部長・石原莞爾とは反対に対中国強硬政策を主張し、対中強硬論を固めていきます。しかし、日米開戦時は「開戦に逸《はや》る参謀本部を制し対米交渉の妥結を模索した」とされ、石井は「武藤は勿論《もちろん》部下の私まで軟弱派と非難された」と証言しています。

本人などは「対米交渉の妥結を模索した」と言っていますが、米国が最も要求した中国、南インドシナからの撤退まで含めていたかについては疑問が残ります。

十月十六日、第三次近衛内閣総辞職——近衛内閣が崩壊し、東條内閣の成立はほぼ確実に日本を戦争に導くことになります。このとき、東久邇宮の首相承認の動きがあります。これが実現すれば戦争回避はできていたと思いますが、天皇はその選択を避けました

この時代、昭和天皇はどのように見ていたのでしょう。『昭和天皇独白録』には次のように書かれています。

十月の初伏見宮《ふしみのみや》〔孫崎注：一九三二年から四一年四月永野修身に譲るまでの間、海軍軍令部長〕が来られて意見を述べられた。即近衛、及川、永野、豊田〔貞次郎・外相〕、杉山、東条の六人を並べて戦争可否論をさせ、若《も》し和戦両論が半々であったらば、戦争論に決定してくれとの事であった。私は之には大蔵大臣〔孫崎注：小倉正《おぐらまさ》恒《つね》。このポストの前は住友本社総理事〕を参加せしむべきだと云って不賛成を表明し

◎**岡敬純**（おかたかずみ／一八九〇－一九七三）
海軍軍人。海軍大学校卒。潜水学校教官、国際連盟日本代表部勤務、ジュネーブ軍縮会議随員などを経て四〇年、軍務局長。四四年には海軍次官となる。三国同盟締結や南進政策を遂行した。戦後、木戸幸一は「海軍では岡が対米開戦を最も強硬に主張した」と述べたという。A級戦犯。五四年、病気のため仮釈放。

◎**武藤章**（むとうあきら／一八九二－一九四八）
陸軍軍人。陸軍大学校卒業後、ドイツ駐在。一九二九年までは教育総監部に勤務。三五年、軍事課高級課員となる。二・二六事件後の三六年、関東軍参謀に転出。盧溝橋事件では強硬論を主張し、不拡大派の石原莞爾（作戦部長）を追いやった。大戦中はスマトラなどで指揮。東京裁判でA級戦犯とされ絞首刑。

た、高松宮も砲術学校に居た為、若い者にたき付けられ戦争論者の一人であつた。**近衛、及川、豊田の三人は平和論、東条、杉山、永野の三人は戦争論、皇族その他にも戦争論多く、平和論は少くて苦しかつた。**

東久邇宮、梨本宮《なしもとのみや》、賀陽宮《かやのみや》は平和論だつた、表面には出さなかつた。（略）

確乎たる信念と勇気とを欠いた近衛は一面九月六日の御前会議の決定に縛られてこの間の処理に非常に苦しみ、遂に辞表を提出して総辞職となつた。（略）

そこで後継首相の人選であるが、九月六日の御前会議の内容を知つた者でなければならぬし、且又陸軍を抑え得る力のある者であることを必要とした。（略）

時局は極めて重大なる事態に直面せるものと思ふと云ふ事は、九月六日の御前会議の決定を白紙に還して、平和になる様、極力尽力せよと云ふ事なのだが、之は木戸をして東条に説明させた。

ちょっと矛盾する説明だと思います。

「九月六日の御前会議の決定を白紙に還す」ということであれば、「九月六日の御前会議の内容を知った者でなければならぬ」という条件は不要です。

後継首相の人選に関する天皇の説明を見てみると、

「近衛の手記に、東久邇宮を総理大臣に奉戴《ほうたい》云々の記事があるが、之は陸軍が推薦したもので、私は皇族が政治の責任者となる事は良くないと思つた。尤《もつと》も軍が絶対的に平和保持の方針で進むと云ふなら、必ずしも拒否すべきではないと考へ木戸をして軍に相談させた処、東条の話に依《よ》れば、絶対に平和になるとは限らぬと云ふ事であつた。

それで**若し皇族総理の際、万一戦争が起ると皇室が開戦の責任を採《(ママ)》る事となるので良くないと思つた**し又東久邇宮も之を欲して居なかつたので、陸軍の要求は之を退けて東条に組閣をさせた次第である」（同前）

とあります。

結局、昭和天皇は最終局面に日本の国の運命を最優先して考えていたのではなかったのです。皇族のため、つまりは自分達の利益のためであったわけです。

水面下で、近衛首相の後任を東久邇宮にする動きがありました。**東久邇宮は東條陸相に対して「日米交渉に反対なら辞任すべし」と言っています。彼が首相になればひとまず、戦争の危険は去っていたのです。**

水面下の動きを『一皇族の戦争日記』から見てみたいと思います。

十月十五日（金）

夕食後、近衛首相来たる。（略）

東條陸相は、内閣の意見が一致しないのだから、内閣は総辞職すべきであるといっている。また東條は、近衛内閣総辞職後、「現在では臣下の誰が出ても、この陸海軍の意見の相違をまとめることが出来ない」と言っている。

それで近衛が考えるには、「この際どうしても東久邇宮でなければ、この混乱した時局を収めることはできない」

近衛は、後継内閣の首班を私にすることを木戸内大臣に話し、木戸から陛下に申し上げたところ、陛下もご同意になった。よって、近衛から内々私の出馬を要請してきたわけである。

十月十六日夕、食事中、近衛首相の手紙を秘書官が持ってきた。内容は、

一、内閣総辞職のやむなきに至ったこと、

二、陛下が御熟慮の結果、近衛の後任を私（東久邇宮）にすることを御取止めになったこと

十月十九日　近衛前首相来たり、次の話をする。

「先夜、お話ししたように、陛下のお考えは、はじめは私の後任に殿下がよいだろうということで、ほとんど御決定になっていたが、木戸内大臣の上奏により、臣下

ます。

のものに内閣を組織させることに御変更になった（略）

東條は内閣組織の大命を拝する」

さらに東京裁判では東久邇宮稔彦の口供書があります。そこには次の内容が含まれています。

・十月十五日の夜、近衛が来邸、近衛内閣の総辞職に決定したから、余に後継内閣の首班になるよう懇望した。

・翌十六日朝、企画院総裁鈴木貞一が近衛総理の指示と称して「殿下にわが国の現状をご説明申し上げ、御組閣のご参考として頂くため参上した。その際同人は『現在の国状においては殿下の御出馬を仰ぐことは特に必要なるを以て、近衛公のみならず自分よりも切にお願い申しあげる』と申し添えた」。

そして『昭和天皇独白録』には次の記載があります。

東久邇宮は日記にこう記している。

「東條は日米開戦論者である。このことは陛下も木戸内大臣も知っているのに、木戸がなぜ開戦論者の東條を後継内閣の首班に推せんし、天皇がなぜこれを御採用になったか、その理由が私にはわからない」

この問題は本書の最後の第十章の「昭和天皇と廃位への恐怖」の項でもう一度検証したいと思います。

十月十七日、東條に組閣の大命

服部卓四郎著『大東亜戦争全史　1』でも見てみたいと思います。

統帥部は如何なる内閣が出現しても、(略)開戦已むなき結論に到達するものと考えていたが、(略)和平を前提とする内閣の出現により、軍事上の要請が全く無視されるが如き事態の発展を憂慮した。

然るに組閣の大命は(略)**意外にも東條英機に降下した。**

十月十七日午後開催された重臣会議は内大臣木戸幸一の発意により、東條陸相を後継内閣の首班に推挙したのであった。

海軍は、これで日米開戦のほうに行くと驚きます。

岡敬純海軍軍務局長は東京裁判に次の口供書を提出しています。

「及川大臣が近衛公より後継内閣は東久邇宮になるべしと聞き来り殿下が如何なる御考えを日米交渉に関し有されておるかを案じ居りし際、突然東條陸軍大臣に大命降下せりとの報に接し海軍としては真に寝耳に水にして大臣始め一同真に驚きたる次第なり。**余は当時の情勢上陸軍大臣が首相となるにおいては日米交渉の前途は益々困難を増大するにあらずや。奏請者たる重臣達は対米交渉を如何に考え居るや。**その意の存する所真に了解に苦しむ」

日米交渉がまとまらなければ、日米戦争に行く可能性は高い。

日米交渉をまとめるには、陸軍が南部インドシナや中国に侵攻したものを何らかの度合いで撤兵させる必要があります。

東條では撤兵の可能性はありません。

大変な岐路《きろ》でした。

十月二十日、天皇は木戸に「いわゆる虎穴《こけつ》に入らずんば虎児を得ずということだね」と言います。しかし木戸と天皇が最も恐れたのは内乱、昭和天皇排除に動くことでした

『木戸幸一日記』（東京大学出版会）十月二十日では、この当時の事情を天皇の言葉として次のように記します。

「極めて宜《よろし》く御諒解あり、所謂《いわゆる》虎穴に入らずんば虎児を得ずということだねと仰せあり」

天皇と木戸内大臣とがお互い、東條になれば開戦になるということを了解しつつ、戦争を止めるには東條しかいないという理由で東條案に反対しなかった、できなかったことを両者が納得したといえます。

田中隆吉（開戦時の陸軍省兵務局長）の『裁かれる歴史―敗戦秘話』（長崎出版）は次を記しています。

私は昭和十九年秋、木戸氏と内大臣官舎に於いて面談したとき、東条氏推薦の理由を質した。木戸氏は答えて、

「東条氏ならば陸軍を統制して必ず日米の妥協を実現すると信じたからだ」

と言った、私は
「貴方は東条が陸軍部内に於て武藤よりも佐藤よりも換言すれば何人にも増して対米強硬論者であることを知って居たか」
と問うた。木戸氏は
「強硬論者であることは知って居た」
と答えた。私は更に
「然らば何が故にこの強硬論者を総理に奉請したのか」
と重ねて問うた。木戸氏は
「私の最も恐れたのは東条以外の人を総理にして日米の妥協を図る場合に陸軍が内乱を起すことであった」
と答えた。
（略）内乱は国内問題である。如何に横暴なる陸軍と雖《いえど》も、（略）一部の妄動により治安の混乱を来すことがあっても必ずや最後に鎮静し得ることは近くは二・二六事件の生々しき事例が明らかに之を証明して居る。然し乍ら戦争は常に一国の興亡を堵《と》するものであって、一歩を誤れば国家を壊滅に導く。（略）
木戸氏は内乱を恐れたが、戦争は恐れなかった。自己一身の生命に対する危険は恐

れたが、国家の生命に対する危険は聊《いささ》かも恐れなかった。

田中は、東京裁判で検事側の証人として出頭したため、彼の発言は全面的に信頼できないとする考えもあります。しかし、その点を踏まえた上でも、この木戸の発言は引いておくべき言葉だと思います。

十月二十八日、海軍は依然、沢本頼雄《さわもとよりお》次官の下での会議で開戦に反対の立場を維持しています

〔沢本次官は、岡軍務局長、伊藤軍令部次長、福留《ふくとめ》第一部長と意見交換している。〕

次官：私としては、どうしてもこの際戦争を可とする意見とはならず。結局長期戦は国力に拠る次第にして、海軍としては自信なし。従ってこの際極力外交解決の道を取る外なしと表明するを可とせずや。

第一部長：それでは米英陣に投合することとなり、支那の侮蔑を受け国威の失墜大なるべし。

次官：この際大観して従前の方途に進むを可とするや、又は心気《ママ》一転して数年来の国策より考へ直すを可とするやの問題なり。今まで間違っていたからこれを続行すると云うことは承服出来ず。

（出典は沢本頼雄『海軍大将沢本頼雄手記』、この書は非公開とされ五味川純平『御前会議』（文藝春秋）に引用されている）

十月三十日の海軍省内での論議。次官は反対、これを海相が押し切ります。次官も最終的に開戦を容認します

嶋田《しまだ》海相は沢本次官と岡軍務局長を呼び戦争決意を表明した。

海相：数日来の空気より総合すれば、この大勢は容易に挽回すべくも非ず。（略）故にこの際戦争決定を為し。（略）国民一般が正義の戦いなりと納得する様導く要あ

◎**二・二六事件**
一九三六年二月二十六日、陸軍の皇道派青年将校らが約一五〇〇人の部隊を率いて首相官邸などを襲ったクーデター。内大臣・斎藤実、大蔵大臣・高橋是清、教育総監・渡辺錠太郎らを殺害し、永田町一帯を占拠。翌日、軍首脳部は戒厳令を公布。二十九日に反乱軍は帰順した。事件を機に統制派に握られた軍部は、政治的発言力をさらに増した。

り。

次官：何度考えてみても大局上戦争を避くるを可とする意見なる（略）。

海相：米国は何時立って先制の利を占むるやも知れず。そうなれば日本の作戦は根本的に破れ、勝味はなくなる。この際海軍大臣一人が戦争に反対した為に戦機を失したとなっては申訳がない。（五味川著同前）

一旦引き下がった沢本は辞任を申し出るがあこがれの連合艦隊司令長官のポストを示唆され、辞任を撤回しています（阿川弘之『井上成美』新潮文庫）。

嶋田海相は、海相就任時は不戦派でした。しかし、伏見宮から「速やかに開戦せざれば戦機を逸す」との言葉があり、開戦回避は不可能と判断したと言われています。

十一月一日、連絡会議

ここからは、服部卓四郎著『大東亜戦争全史　1』で見ていきます（要点抜粋で引用）。

東條首相は次の三案を提示しておいた。

第一案　戦争を避け臥薪嘗胆《がしんしょうたん》する。
第二案　開戦を決意し、政戦略の諸施策をこの方針に集中する。
第三案　戦争決意の下に、作戦準備を完整するとともに、外交施策を続行してこれが妥結に努める。

東條首相の肚《はら》は第三案であり、杉山参謀総長は固《もと》より第二案であった。

会議の開始に先立ち、午前七時半より約一時間、東條首相は杉山参謀総長と会談した。

東條首相：お上の御心を考えねばならぬ。日露戦争よりも遥《はるか》に大なる戦争であるから、御軫念《しんねん》のことは十分拝察出来る。
今開戦を決意することは、到底お聞き届けならぬと思ふ。
杉山参謀総長：統帥部の考えは昨日佐藤軍務課長に通じておいた通りである。

◎**嶋田繁太郎**（しまだしげたろう／一八八三－一九七六）
海軍軍人、政治家。一九〇四年に海軍兵学校、一五年に海軍大学校卒業。連合艦隊参謀長、軍令部次長などを歴任後、東條英機内閣の海軍大臣となり陸海軍の協調に努めた。しかし四四年六月のマリアナ海戦に敗れると、辞任に追い込まれた。東京裁判でA級戦犯として終身刑になるが、五五年、釈放。

東條首相：お上に御納得を願うことの困難は知っている。
かくして東條首相兼陸相と杉山参謀総長とは意見が一致せずして、最終の連絡会議に臨んだ。
第一案〔戦争を避け臥薪嘗胆する〕については、断じて採用すべかざるものとして即決された。**東郷〔茂徳《しげのり》〕外相及び賀屋蔵相は特に強くこの臥薪嘗胆案を否定した〔東郷外相は「長期戦の将来に幾多の疑問がある」と発言〕**。
論議の焦点は、外交交渉不調のまま現状を以て臥薪嘗胆する場合に向けられた。
永野軍令部総長：最下策である。（略）日本はジリ貧になる。（略）この機を逸したならば開戦の機は米国の手に委ねられる。
蔵相：二年後即ち米国が決戦を挑む時期に至れば、我は軍備その他の点において幾多の困難を生じ、確算がないように思われるが如何。
軍令部総長：戦争第一年及び第二年は（略）**確算がある。**第三年以降は（略）予断を許さない。
第三年以降の戦争の見通しに関連し、外相、蔵相、軍令部総長の間に、議論が重ねられたが、確定的決定に至らなかった。然し結局太平洋上の戦略要点を全部我が手に収めることにより、無為にして二箇年を経過した場合よりも、有利なことは明瞭になった。

東條首相は「政府としては、統帥部が責任を以て言明し得る限度は、開戦後二箇年間は確算あるも、第三年以降は不明であるということに諒解する」と一応断定を下した。

第二、第三案の検討に入った。

蔵相：第三案の作戦準備と外交とを併行的に実施する案が宜しい。

参謀総長：作戦開始は（略）十二月初頭を可とする。

参謀次長：外交交渉を断念して、直に開戦を決意せられ度い。

軍令部次長：海軍としては十一月二十日以降作戦を発動するものとし、それ迄外交を実施しても宜しい。

参謀次長：陸軍としては十一月十三日迄は宜しいが、それ以上は困る。

◎**東郷茂徳**（とうごうしげのり／一八八二－一九五〇）

外交官、政治家。駐ドイツ、駐ソビエト連邦大使を経て、一九四一年に東條英機内閣の外相に。日米交渉にあたるが、日米開戦を回避することはできなかった。鈴木貫太郎内閣で外相に返り咲き、終戦工作に尽力。戦後、A級戦犯として起訴され禁固二〇年の判決を受けたが、服役中に病死。

第三案は次の如き考案に具体化された。

一、対米英蘭戦争を決意し武力発動の時機を十二月初頭と予定して作戦準備を完整する。

二、外交は十二月一日零時迄依然続行し、同時迄に外交成功せば武力発動を中止する。

なお、ルーズベルト大統領は十二月初頭に日本軍は米国に攻撃するという判断をしています。

十一月二日、首相上奏

十一月二日、東條首相は陸海軍統帥部長と列立して、連絡会議の経過と結論を上奏した。天皇は御納得なされた如く拝察された。(同前)

十一月四日、軍事参議官会議

天皇親臨の下に陸海軍合同の軍事参議官会議を開き、十二月初頭の武力発動を目途に戦争準備を促進するの已むなき旨を議決奉答した。

出席者は、閑院宮《かんいんのみや》、伏見宮両元帥、陸海軍大臣及び統帥部長、陸軍から朝香宮《あさかのみや》、東久邇宮、寺内、西尾、山田、土肥原《どいはら》、篠塚、海軍から百武、加藤、及川、塩沢、吉田、日比野各軍事参議官であった。（同前）

ここにおいて朝香宮は「武力発動の時期は早きを可とするが如く、洵《まこと》に同感なり。開戦決意後米英及び蘭も包囲圏突破は我れに勝算ありとは両総長の説明に依り了解せり」の発言がなされ、また、東久邇宮は「対米開戦に依りては、独伊をして日本に協力せしむる如く外交に依り誘導するを有利とす」の発言がなされたとされます。

この会議においては「戦争反対論全くなし」の状況でした。

十一月五日、御前会議

十二月初頭の武力発動を目途に戦争準備を完整する「帝国国策遂行要領」が原案通り採択された。

首相：今や戦争決意を固め、武力発動の時機を十二月初頭と定める結論に意見一致した。

後、質疑応答が行なわれ、最後に原枢相及び東條首相が所見を開陳した。

原枢相：米国に対し開戦の決意をするもやむなきものと認める。

首相：長期戦となれば幾多の困難と不安がある。然し此の不安があるからとて、（略）米国のなすがままのことをさせて如何になるであろうか。二年後には油はなくなり、船は動かず、南西太平洋の敵側の防御は強化され、米艦隊は増強し、支那事変は依然として解決しない。国内の臥薪嘗胆も長年月に亘《わた》り堪えることは不可能である。（略）**座して、二、三年を過ごせば三等国に顚落することなきやを虞れる。**（同前）

十一月二十六日、米国の国務長官コーデル・ハルは「暫定的、かつ無拘束」という前提の下に「合衆国及日本国間協定の基礎概略」という文書を送付してきます。「ハル・ノート」です。最後通牒《つうちょう》と見られ、これで日本側は最終的に戦争の決意を固めます当時の陸軍軍務課長の佐藤賢了は、次のように記しています。

日米開戦の直接のきっかけとなったのは、十一月二十六日に米国側がたたきつけた「ハル・ノート」である。（略）

東京裁判でインドのパル判事は、こんなものをたたきつけられたら、モナコでもルクセンブルグでも宣戦せずにはいられないだろうと述べた。全く同感である。

東条首相に私が、陛下のお考えはどうですかとたずねたら、

「ハル・ノートをごらんになっては、いかに平和を愛好せられ給う陛下も……」

そこまでいって急に口をつぐんだ。（『大東亜戦争回顧録』）

ハル・ノートについて、一般的にはどのように説明されているのでしょう。山川出版社

◎ハル・ノート

一九四一年十一月、日米交渉において米国務長官ハルが提示したアメリカ側の対日提案。日本軍の中国・インドシナからの完全撤退・国民政府以外の中国における政府・政権の否認、日独伊三国同盟の死文化などを要求。日本はこれをアメリカの最後通牒とみなし、受諾しがたいという結論を下すとともに、太平洋戦争突入を決定した。

の高校教科書『詳説日本史』を見てみましょう。

「十一月二十六日のアメリカ側の提案（ハル＝ノート）は、中国・仏印からの全面的無条件撤退、満州国・汪兆銘《おうちょうめい》政権の否認、日独伊三国同盟の実質的廃棄など、満州事変以前の状態への復帰を要求する最後通牒に等しいものだったので、交渉成立は絶望的になった」

まず、このノートの性格を見たいと思います。

ハル国務長官は手交の前に「日本政府と論議を継続するためあらゆる機会を利用できることを望んでいる」と述べているので、最後通牒の性格は全く持っていません。

ついで具体的内容を見てみたいと思います。

この「ハル・ノート」は最後通牒ではなく、日本側も十分受け入れ可能なものであったと主張する人がいました。

有田八郎《ありたはちろう》です。有田八郎と言ってももう知っている人はいないかもしれませんが、戦後一九五九年に都知事選に出馬、料亭「般若苑《はんにゃえん》」の経営者だった元妻との関係を描いた三島《みしま》由紀夫《ゆきお》の小説『宴のあと』のモデルとなった政治家です。彼は日独防共協定の推進者で、軍部と近かった人間です。この彼が『馬鹿八と人はいう』（光和堂）の中で、「果して戦わなければならなかったか」と問題提起をしています。

・（米国が提案した米・英・蘭・華・ソを含めた）多辺的条約の締結が何故悪いのか。
・仏印の領土に関し、日・米・英・蘭・華・タイの六カ国間に協議条約を締結し、仏印における経済上の平等原則を確認することが、何故に到底同意できないのか。
・仏印、さらにことに中国からの日本軍隊の撤退は陸軍としては堪えられないものであり、四年間にわたる日華事変の犠牲を無にするものだと思い込んでいたことは事実である。東條陸相が十月十二日荻外荘での会議の際、「撤兵問題だけは陸軍の生命であって絶対に譲れぬ」と強く主張していたが、これは日本陸軍だけの特有の考えであるという以外にはたしてどれだけの正当性があったであろうか。

ここでは詳細に述べることは避けますが、私も米国提案を見ましたが、案文を見る限り、「不当な要求」と言われるものはありません。そもそも、日本は中国、仏印に進駐する何の権利も持っていません。「自分たちはこの戦争（支那事変）で二〇万人死者を出した、だから撤兵できない」というのは本末転倒です。

ここで「ハル・ノート」前の日本の情勢を見ておきたいと思います。

① 米国への戦争を行なうという方針はもう決定しています
② 戦争するなら早く実施する

従ってハル・ノートは本当に最後通牒であったというよりは、「米国から最後通牒が来た」というように説明されたというのが正確だと思います。この点、吉田茂元首相は著書『回想十年』（中央公論新社）で、「ハル・ノートには“Tentative and without commitment”〔暫定的かつコミットメントなし〕」と「“Outline of proposed basis for agreement between the United States and Japan”〔合意のための提言の概要〕」と指摘し、「実際の肚の中はともかく、外交文書の上では決して『最後通牒』ではなかった」と記載しています。

波多野澄雄著『幕僚たちの真珠湾』（吉川弘文館）では次の記述があります。

「ハル・ノートを一読した東郷外相は『眼も暗むばかりの失望に撃たれた』というが、作戦幕僚たちの反応は逆であった。ハル・ノートは、開戦決定を最終的に固めるうえでも、また国論の一致に貢献する意味でも、まさに『天佑《てんゆう》』（十一月二十七日機密日誌）であった」

「ハル・ノート」が開戦の最終的契機と言われるだけに、日本として果して、受諾できないほどの酷い要求だったのかは今一度見直してよいと思います。

十一月十一日　チャーチルは「もし米国が日本との戦争に巻き込まれたならば、一時間以内に英国は対日宣戦布告を発する」と演説。

十一月十八日　衆議院は国策遂行決議案を全会一致で決定。

島田俊雄《しまだとしお》（広田内閣と米内内閣で農林相に就任、一九四五年に衆議院議長）が提案の趣旨説明を行ないます。

「ここまで来ればもはや遣る外はないというのが国民の気持ちである。吾々国民はこの戦争を戦い抜かねば、浮ぶ瀬はないと考えている。太平洋の癌は（略）アメリカ人、ことにアメリカの現在の指導者その人達の心の裡にあることを知らねばならぬ。この癌に対しては、断乎として一大メスを入るの必要がある」

（『大東亜戦争全史　1』）

十一月二十六日　米国首脳陣、対日戦争を確認。

杉田一次著『日本の政戦略と教訓―ワシントン会議から終戦まで』（原書房）は次の記述

をしています。

十一月二十六日のことであった。ホワイトハウスに大統領、国務長官、陸海軍長官、陸軍参謀総長、海軍作戦部長の六名が集まり、日本に対しハル・ノートを手交することを決定し陸海軍は二十七日それぞれ警戒準備が指令された。ルーズベルトは「さあ、これで日本は戦争を開始する。その期日は次の月曜日（十二月一日）であろう」と述べ、ハルはスチムソン及びノックスに対し「自分の手より離れた。今や貴下の手中にある」と伝え、外交交渉の終わったことを告げた。（略）ところが同日予期に反し戦争が起こらなかったので大統領は寧《むし》ろ焦って挑戦する工作さえ講じたのであった。

もし、当時軍が真剣に米国情報の分析を行なっていれば、このような事態は大体想像できたと思います。

十一月二十六日　天皇より東條首相に対して「重臣は納得しているか」と質問（『大東亜戦争全史　1』）。

十一月二十九日　重臣会議（若槻禮次郎など天皇に対して開戦に疑問の発言を行なう）

（この部分はすでに記述しました）。

十二月一日、最後の御前会議

全閣僚出席し、対米英蘭開戦の聖断が下りました。

この当時の雰囲気を岸信介《きしのぶすけ》（開戦当時商工大臣、戦後首相）が次のように記述しています。

「われわれがあのままジリ貧で進んでいけるはずはないよ。とにかく油（石油）を最小限確保するというのが、そのときの戦争目的だったと思うんです。

しかし当然のことだが、アメリカと戦う以上はワシントンに攻め入って『城下の盟《ちか》い』をそのアメリカになさしめるという決意を持たなければ、本来日米戦争などできないと思うんですよ。しかし、そういう考え方は軍部にもわれわれにも全然なかった。戦争に勝つという自信は誰にもなかったと思うんだ。ただ問題は『生か死か』ということ、すなわち最小限われわれの生存を確保するという、それだけであった。（略）

だから最小限の生存を確保したときに、いかにして戦争を終結するかを考えるべきであ

った。ところが、そのままズルズルと戦争を続けてしまった」（原彬久編『岸信介証言録』中公文庫）

十二月八日午前三時二〇分（現地時間七日午前七時五〇分）、真珠湾攻撃開始。十二月八日、大統領が議会に対日宣戦を求めた中での発言

十二月八日、ルーズベルト大統領が、議会に対日宣戦を求める演説をしました。

「昨日、一九四一年十二月七日――この日は汚名の下に残り続けることでしょう。アメリカ合衆国は日本帝国の陸軍、海軍による、計画的にして突然の攻撃を受けました。

合衆国は日本と平和的な関係を築いていました。しかも日本の要請に応じ、太平洋の平和維持を命題として日本政府や日本の天皇と対話を重ねてきてもいたのです。

実に諸君、日本軍の航空機隊が、われらがアメリカのオアフ島へ爆撃開始した一時間後のことです。日本の米国大使と大使館員が国務長官に宛てて、わが国の最新通達に対する日本側の公式な返答をよこしました。その返答には、現下の外交交渉を続けるのはもはや無意味だろうと書かれていましたが、しかし、戦争や武力行使について脅迫的言辞もなければ、手がかりさえなかったのです。

日本からハワイまでの距離を考えれば、今回の日本による攻撃は数日前から、あるいは数週間前から計画的に企図されていたことは明らかです。日本政府は外交交渉を続けながら、虚偽に満ちた言葉を述べ、かつ『平和が維持されんことを願う』と表明することで合衆国を欺《あざむ》こうと窺《うかが》っていたわけです。

昨日のハワイ諸島への攻撃は、わが海軍およびアメリカの軍事力に深刻な損害をもたらしました。遺憾ですが、多数の米国民の命が失われたことを諸君に伝えなければなりません。加えて、サンフランシスコとホノルル間の洋上で、わが国の船舶が雷撃されたという報告も受けております。

昨日、日本政府はマレーに対しても攻撃を開始しました。

昨夜、日本軍は香港を攻撃しました。

昨夜、日本軍はグアムを攻撃しました。

昨夜、日本軍はフィリピン諸島を攻撃しました。

昨夜、日本軍はウェイク島を攻撃しました。

そして今朝になり、日本軍はミッドウェイ島を攻撃しました。

すなわち、日本は太平洋の全域にわたって奇襲を開始したということです。昨日と今日の事実はそれを証明しています。合衆国の人々はすでに自らの意見を固めました。そして日本の奇襲行為が国家の安全と人命にどれほどの影響を与えるかもよく理解しています。

私は陸海軍の最高指揮官として、国家防衛のためにでき得るすべての手段を講ずるよう軍に命令を下しました。この命令に基づくわが軍の行動により、合衆国の全国民は日本が我々にどれほどの猛攻撃を仕掛けたかということを、ずっと記憶に留めるでしょう。**日本の計画的な侵略を打ち破るのにどれほど長い時間を要するとしても、我々アメリカの人民には正義の力が宿っています。アメリカは絶対的な勝利を手にするのです。我々は自らを防衛するのみならず、こうした日本の背信行為が二度と脅威とならぬようにすべきです。私はそう強く主張します。**この私の主張に同意くださり、議会および国民の意思が形成されると私は確信しております。

アメリカ合衆国と日本帝国は、すでに交戦状態にあるのです。わが国の人民と領土、諸権益が重大な危機に瀕していることに疑いの余地はありません。しかしわが軍への絶大な信頼とわが国民の不屈の決意をもってすれば、我々は必ず大いなる勝利を手にするのです、神に誓って本当です。

ここに私は要求します。一九四一年十二月七日の日曜日、日本による計画的で残虐な攻撃を受けて以降、アメリカ合衆国と日本帝国は戦争状態にある、と議会が宣言することを」

十二月十八日、ロバーツ委員会が奇襲調査開始

ルーズベルト大統領は、アメリカ合衆国連邦最高裁判所判事のオーウェン・J・ロバーツを中心にした専門の委員会「ロバーツ委員会」を発足させ、真珠湾奇襲調査を命じました。

ロバーツ委員会は次の事実を指摘しています。

「協同防衛計画によれば、陸軍はオアフ島周辺二〇浬、海軍は七〇〇浬ないし八〇〇浬まで哨戒偵察を行なうことになっていたが、当日は実施されなかった」

もし実施されていると十二月六日、即ちX－（マイナス）二日には、敵機に発見されていた計算になります。海軍はX－二日に発見されていたら、別命なく攻撃を止めて引き返すことになっていました。

日米開戦の正体

［第三章］

真珠湾への道は日露戦争での〝勝利〟から始まっています

日本は世界の一流国ロシアと戦い、勝ちました。しかし、戦費は膨らみます。日露戦争後、軍事費と戦費調達のための国債費の合計は、日本の国家予算の六〇％を占めました。

日露戦争後、南満州鉄道の日米共同管理という構想も持ち上がったが実現には至らなかった。写真は、1934年から43年まで大連・ハルビン間を運行していた南満州鉄道の特急列車「あじあ号」

夏目漱石《なつめそうせき》は『それから』で日本を牛と競争する蛙《かえる》にたとえて「もう君、腹が裂《さ》けるよ」と書いています

小説家は人間の真実を追求していますが、彼らが社会現象に目を向けたとき、社会学者より、端的に真実を指摘することがあります。

夏目漱石がそうです。

夏目漱石は『それから』（一九〇九年著）で、日露戦争後の日本を実に見事に描写しています。

……大袈裟《おおげさ》に云うと、日本対西洋の関係が駄目だから働かないのだ。第一、日本程借金を拵《こし》らえて、貧乏震いをしている国はありゃしない。この借金が君、何時になったら返せると思うか。そりゃ外債位は返せるだろう。けれども、それればかりが借金じゃありゃしない。日本は西洋から借金でもしなければ、到底立ち行《ゆ》かない国だ。それでいて、一等国を以《もっ》て任じている。そうして、無理にも一等国の仲間入をしようとする。だから、あらゆる方面に向って、奥行を削って、一等国だけの間口《まぐち》を張っちまっ

た。なまじい張れるから、なお悲惨なものだ。牛と競争をする蛙と同じ事で、もう君、腹が裂けるよ。

夏目漱石が日本の将来に厳しい目を向けていたのは『それから』だけではありません。『三四郎《さんしろう》』（一九〇八年著）にもあります。主人公、小川三四郎《おがわさんしろう》が熊本の高等学校（第五高等学校）を卒業し、大学（東京帝国大学）に入学するために上京するとき、車中での出来事を書いています。

……髭《ひげ》の男は、（略）**「**（略）**いくら日露戦争に勝って、一等国になっても駄目ですね。**（略）**」**

〔三四郎は〕「然しこれからは日本も段々発展するでしょう」と弁解した。すると、かの男は、すましたもので、

「亡《ほろ》びるね」と言った。――熊本でこんなことを口に出せば、すぐ擲《な》ぐられる。わるくすると国賊取扱にされる。

たぶん、三四郎の「亡びるね」をもっと丁寧に説明する必要があると判断して、『それから』に書きこんだのでしょう。

私は今、「真珠湾攻撃がなぜ起こったか」を勉強し、この本を書いていますが、その萌芽《ほうが》はすでに日露戦争での〝勝利〟から始まっていると思います。

日本は日露戦争で、世界の一流国のロシアと戦いました。

しかし、それは日本の国力でできない戦いでした。後に詳しく見ますが、年間の予算の八倍もの戦費を使い、その八割は外国からの借金でした。一等国の「間口」を張りましたが、まだ一等国でない者が間口だけ広げたものですから、当然破綻《はたん》します。

「牛と競争をする蛙と同じ事で、もう君、腹が裂けるよ」――まさに、日露戦争から真珠湾攻撃への道の本質です。

でも、なぜ、漱石が日本を客観的に見られたのでしょうか。

たぶん、漱石は日本社会の論理だけに浸っていたのでないのです。外国の文献に目を通しています。何よりも英国に留学（一九〇〇年から一九〇三年）し、外国人の目で日本を客観的に見ることができたからでないでしょうか。

逆に言うと、真珠湾に向かう過程で、戦争の相手となる英米を知っている人は枢要《すうよう》なポストにはほとんどいませんでした。

漱石の「牛と競争をする蛙と同じ事で、もう君、腹が裂けるよ」をデータで見てみたいと思います

防衛省防衛研究所の小野《おの》圭司《けいし》氏（国防経済学）の論文「第1次大戦・シベリア出兵の戦費と大正期の軍事支出」に「20世紀初頭の日本と欧米列強の軍事・経済指標（ドル換算名目値）」が掲載されています。177ページに一部を抜粋します。

戦うとなればＧＮＰ（国民総生産）が一番重要です。継戦能力はＧＮＰに大きく依存します。

後に、一九三〇年に開かれたロンドン海軍軍縮会議で決まった日米の格差を、米国一〇に対し六としたのはけしからん、七としたのも統帥権干犯《とうすいけんかんぱん》だという論がなされますが、これらの議論がいかに馬鹿げているかがわかります。

しかし、日本国内では日米は七対一〇でも統帥権干犯と騒ぐ国になっているのです。漱石の言う間口だけかまえ、「一等国、一等国、だから米国と同等でなければならない」と主張しているのです。

軟弱外交か強硬外交か

日露戦争から真珠湾攻撃までの外交・安全保障政策を見ていきますと、結局は、「軟弱外交」か「強硬外交」かの選択であろうと思われます。

真珠湾攻撃では、軍備に不可欠な鉄鋼生産において日米間で一対一〇の格差があるという現実の中で「軟弱外交」派は「それはないだろう」と主張し「強硬外交」は「なせばなる」と主張します。

多くの国にとって戦争はマイナスですから、無理を通したときに「なせばなる」現象が生まれます。

「牛と競争をする蛙と同じ事で、もう君、腹が裂けるよ」がいつか来ます。

「亡《ほろ》びるね」がいつか来ます。

外務省員に幣原喜重郎という人がいました。第一、二章でも少し触れました。

明治三十八年（一九〇五年）外務省電信課長ですから、ちょうど日露戦争のときに外務省で中堅です。

そして終戦後、一九四五年十月から四六年五月に首相になっています。その意味では「日露戦争」から「真珠湾攻撃」の時代を生きてきて、この時代を語るのに最もふさわしい人物と思います。

20世紀初頭の日本と欧米列強の軍事・経済指標（ドル換算名目値）

（単位：百万ドル）

		日本	米	英	露／ソ
GNP	(1900)	1,200	18,700	9,400	8,300
	(1910)	1,900	35,300	10,400	11,300
	(1921)	7,200	69,600	23,100	n.a.
	(1925)	**6,700**	**93,100**	**21,400**	**16,000**
軍事支出	(1900)	70	190	670	200
	(1910)	90	310	370	310
	(1921)	400	1,770	1,280	400

（小野圭司「第１次大戦・シベリア出兵の戦費と大正期の軍事支出」より抜粋）

外務大臣の頃、彼は常に「軟弱外交」とか「国賊」とかと激しく攻撃されました。

彼が自分の「軟弱外交」について、『外交五十年』で次のように解説しています。

西園寺《さいおんじ》公〔一九〇六年から一九〇八年、一九一一年から一九一二年二度首相を務める。最後の元老〕が亡くなる少し前に、私にいわれたことがある。政友会の一政客が西園寺公のところに行って、どうも幣原のような軟弱外交では、日本の国威は進展しませんというようなことを言ったそうだ。すると西園寺公は、「君、一体軟弱外交とはどんなことか知っているか。幣原のやっているのは強硬外交だ。自分はあれほど強硬外交をやっているのを見て、うまく成功すればよいと祈っている」

と言って突っぱねた。西園寺公はそのことを私に話され、彼らはそれを恨みに思って、一層君に禍いするだろうと、あとで気の毒に思ったといわれた。

幣原外交の実体は何かと、しばしば世間から聞き質されたが、それは1＋1＝2あるいは、二二が四というだけである。それに対して二一天作の六〔本来は「二一天作の五」で十を二で割ると五という意味〕、もしくは二二が八というような、道理に合わないやり方、相手を誤魔化したり、だましたり、無理押しをしたりすることを外交と思ったら、それは大間違いであって、外交の目標は国際間の共存共栄、即ち英語でいわゆるリヴ・エンド・レット・リヴ〔live and let live〕ということにあるのだ。

「牛と競争をする蛙と同じ事で、もう君、腹が裂けるよ」と見るか、「二二が四」で「二二が八」ではないと見るか、それが「日露戦争」から「真珠湾攻撃」の時代の課題であり、それが「二二が四」と見られなくなる歴史でもあります。

幣原喜重郎は「幣原外交の実体は何かと、しばしば世間から聞き質されたが、それは1＋1＝2あるいは、二二が四というだけである」と言っていますが、実はこのフレーズは大変に深刻な問題を孕んでいます。

「最も素晴らしい政治小説は何か」といえばジョージ・オーウェルの『一九八四年』（新庄哲夫訳、早川書房）でしょう。全体主義国家の怖さを描いた本です。ここに、「おしまいには党が二足す二は五だと発表すれば、自分もそれを信じざるを得なくなるのだろう」として、「自分のノートに『自由とは、二足す二は四だと言える自由だ。それが認められるなら、他のこともすべて認められる』と書く」という有名な場面があります。幣原喜重郎の『外交五十年』は一九五一年に書かれたものです。『一九八四年』は一九四九年に刊行されています。幣原喜重郎がまだ『一九八四年』を読んでいなければ、彼はオーウェルより先に全体主義の本質を的確に表現したことになります。

ルーズベルト大統領演説「日本のアジア征服の陰謀は真珠湾攻撃の五〇年前に始まっている」

◎**幣原喜重郎**（しではらきじゅうろう／一八七二－一九五一）
外交官、政治家。一八九六年、外交官試験に合格、職業外交官としてキャリアを重ねる。二四年、加藤高明内閣の外相に起用され、以後、中国に対する内政不干渉を柱とする幣原外交を展開。四五年十月、内閣を組織。マッカーサーにより憲法改正に着手、天皇制の温存に苦慮した。

た。

真珠湾攻撃の翌年の一月六日、ルーズベルト大統領は一般教書で次のように演説しました。

「日本が征服計画を立てたのは半世紀前に遡《さかのぼ》る。（略）

この野心的な陰謀は一八九四年の中国との戦争、その後に続く韓国の占領、一九〇四年のロシアとの戦争、一九二〇年以降に太平洋諸島の委任統治を違法に強化したこと、一九三一年の満州強奪、そして一九三七年の中国への侵略などに示されている」

でも、私たちは日露戦争と、真珠湾攻撃とを結びつけるのに躊躇《ちゅうちょ》します。あまりにも時間が離れていると思います。

でも、実は日露戦争と、真珠湾攻撃の間の時間はあまり離れていないのです。日露戦争と、真珠湾攻撃の間には、わずか三六年しかありません。

三六年という年月がどれくらいの差か、現在を基準に見てみたいと思います。本書執筆時から三六年くらい前といえば、一九七九年米中国交回復、イランでホメイニ師帰国、ソ連軍アフガニスタン侵攻とあります。

ソ連軍のアフガニスタン侵攻に抵抗するため、米国は反対する人々に資金と武器の提供を行ないました。それがタリバンという勢力に発展し、米国はこのタリバンと戦いました。このアフガニスタン戦争は二〇一四年まで続きました。タリバンと密接な関係を持ったアルカイダはイスラム圏に勢力を持ちます。二〇一四年に米国が空爆を開始した「イスラム国」のルーツもアフガニスタン戦争と無関係ではありません。

アメリカはイランのイスラム革命で大使館が占拠されたことから、今日でもイランと国交断絶したままです。

いずれも三六年前の出来事が、今日の国際政治に影響を持っています。こう見ると、日露戦争と真珠湾攻撃が関連していることは充分あることだと解ると思います。

ルーズベルト大統領は「アジア征服の計画は真珠湾攻撃の半世紀前にできている」と発言しましたが、そのような計画は本当にあったのでしょうか。

漠然としていますが、日露戦争後、日本も米国も、日米戦争を想定して軍部は動きはじめます。

一番大きい要因である中国に関しては、日本は中国を独占しようと動きますし、米国はこれを阻止しようとします。各々の思惑がずれれば、破綻が訪れます。

もちろん、日本の中にも破綻を避けようとする人々はいました。

結局、この人々は負けていきます。

なぜ、戦争を避けようとする人々が負けていくのか、何が負けにつながる要因なのか、それをテーマにしつつ見ていきたいと思います。

日露戦争後、日本の国家予算の三〇%が国債費で、さらに三〇%が軍事費です。このような状況では社会不安が出てくるのは当然です

私は、日露戦争が真珠湾攻撃につながっていった大きい理由は経済問題とそれに起因する社会不安と思っています。

日露戦争以降、日本の財政が逼迫《ひっぱく》する要因が二つ生まれました。

一つは日露戦争の戦費は通常予算の八倍で、しかもその八〇%が外債に依存しています。ここから国家予算の三〇%を利子の国債償還に割り当てざるを得ない状況が発生します。

合わせて日露戦争後、日本は満州に進出します。そうすると、将来ロシアが再び南下してくるのに備えなければならない。満州を自分の物にしようとすることは、米国の「門戸開放」路線と対立します。米国と戦うことも想定しなければなりません。

ここから、軍事費が膨れ上がります。これも予算の三〇%くらいになります。

両者を合わせると六〇％です。

政府は、費用捻出のために、増税します。物価が高騰《こうとう》します。当然不満が出ます。軍事費と国債の償還で予算の六〇％ですから、どんな政治家が出ても、どんな政党が出ても信頼を得られる政治ができるわけがありません。

国民は現状変革を望みます。

不満で左翼運動が出ます。それを抑える弾圧が出ます。

急進的な勢力が「革新」を求めます。その代表が軍部の「革新」グループで、どんどん急進的に過激な政策を取っていきます。

これが、日露戦争が真珠湾攻撃につながっていく構造的な仕組みと言えると思います。

では事実関係をいくつか見ていきたいと思います。

日露戦争の戦費は「一九億五四〇〇万円を算《かぞ》え、当時の日本帝国にとっては、戦前通常歳計の八〇パーセントという大部分は公債によって賄われた」「一九〇三年の一般会計支出は二億六〇二二万」（堀真琴『日露戦争前後』白揚社）。

当然国債への支払いが大きくなります。

国債の負担については次のような状況が生まれました。

「一九〇七年には歳出六億二〇〇〇万円に対して、国債費は一億九八〇〇万円と約三割を占

めるに至った。そして、その後も国債費はほぼ三〇％の水準で推移していった」（板谷敏彦『日露戦争、資金調達の戦い』新潮社）

国債と並んで財政の負担を与えたものに軍事費があります。

日本の軍部は満州を独占しようとします。そうすれば当然、ロシアが再び南下するのに備えなければなりません。さらに海軍は米国を仮想敵国として軍備を始めます。

この時期いかに軍備に力を注ぐようになったかは次の表が明確です。

軍事力の増強

陸軍関係	軍器工廠の職員数	同原動力数（馬力）
日清戦争直前（明治二十六年）	九、五八四	九五四
日ロ戦争直後（明治三十九年）	八九、二八六	四八、〇七二
海軍関係	国内建造高（噸）	
日清戦争開始後一〇年（明治二十七年—明治三十六年）	一五、七三八	
日ロ戦争開始後一〇年（明治三十七年—大正二年）	二四〇、三九八	

（『日露戦争前後』より）

これから膨張した軍事費は毎年約二億円の負担になります。

次ページのグラフ「一般会計歳出、軍事費、国債費」が状況を示しています。

日本の経済自体急成長しているわけではありませんから、当然インフレを起こします。物価は暴騰し「（明治）三十八年には一割七・八分、三十九年には約二割の騰貴《とうき》であった」（『日露戦争前後』）という状況を招きます。

日露戦争以降、①国債の償還、②軍備で予算の六割も取られますから、政府がまともな国内政策を取れるはずがありません。恒常的に政府や政党、政治家に対する国民の強い不満が出ます。現状打破を唱える勢力の支持が増え、その最大の受け皿が軍になっていきます。

軍備にお金が投じられていく構図はどうなっているのでしょう。

・まず、朝鮮、満州、樺太《からふと》に巨額の費用を投入する必要がありました。とくに満州では鉄道などの権益を守り、拡大するため莫大《ばくだい》な投資が見込まれました。

・これらの巨費投入は一九〇七年以降、毎年のように増えてゆきます。一九一二年には

日露戦争(1904〜1905)後から増大する軍事費

一般会計歳出、軍事費、国債費

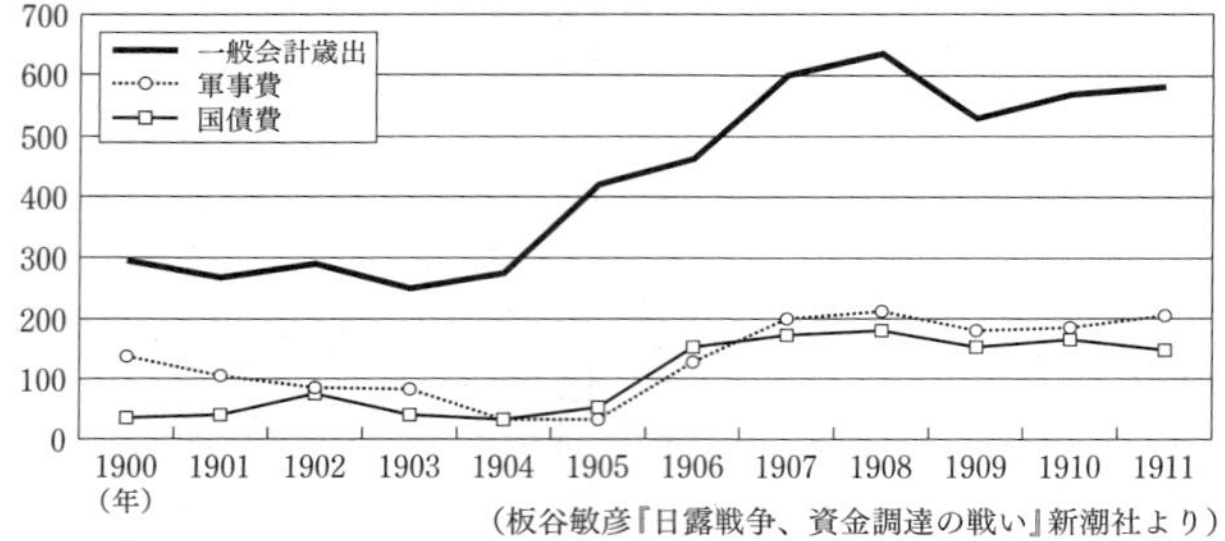

(板谷敏彦『日露戦争、資金調達の戦い』新潮社より)

日露戦後、軍事費と国債費は増大。その額は、合わせて国家予算の60%に上った。戦争中の1905年から一般会計の歳出が増大するのは、増加した軍事費と国債費を払う必要があったためとされる

当時の金額で一五〇〇万円と記録されています。そのために軍備拡張が進みました。

・一九〇七年度の歳出は六億円で、日露戦争前の二倍になりました。前述のように膨張した軍備費は年額二億円で、これが一九一二年まで続きます。

・国債はどうでしょうか。一九〇三年の国債未償還額は五億三八〇〇万円でしたが、三年後の一九〇六年末には二一億八九〇〇万円と四倍に膨《ふく》らんでいます。さらにその三年後、一九〇九年に二六億円を超えました。その利払いだけでも年額一億二二〇〇万円が必要でした。

日露戦争は米国や英国の支持を得て日本

が勝った戦争です。日本は中国を開放する政策を掲げて日露戦争を戦いました。しかしその後、満州の独占を図ります

日本がロシアと戦い勝利した背景には、米英の支持があります。

米英はロシアが南下し、中国東北部を独占する懸念を持っていました。

アメリカのジョン・ヘイ国務長官は一八九九年、列強主要国（フランス、ドイツ、イギリス、イタリア、日本、ロシア）に対し、中国の主権の尊重と中国内の港湾の自由使用を求める通牒《つうちょう》を発しています。

一九〇二年、アメリカは満州におけるロシアの侵略は門戸開放政策に反すると主張しています。

そして、日露戦争が終わり、日露講和条約（ポーツマス条約）が結ばれます。このとき、米国のルーズベルト大統領が仲介役に入ります。従って、日本とロシアの利益だけではなくて、ここには、米国の利益も入っているのです。この中には次の項目が入っています。

第三條　日本國及露西亞國ハ互ニ左ノ事ヲ約ス

一　本條約ニ附屬スル追加約款第一ノ規定ニ従ヒ遼東半島租借權カ其ノ效力ヲ及ホス地域以外ノ滿洲ヨリ全然且同時ニ撤兵スルコト
二　前記地域ヲ除クノ外現ニ日本國又ハ露西亞國ノ軍隊ニ於テ占領シ又ハ其ノ監理ノ下ニ在ル滿洲全部ヲ擧ケテ全然清國專屬ノ行政ニ還附スルコト
露西亞帝國政府ハ清國ノ主權ヲ侵害シ又ハ機會均等主義ト相容レサル何等ノ領土上利益又ハ優先的若ハ專屬的讓與ヲ滿洲ニ於テ有セサルコトヲ聲明ス
第四條　日本國及露西亞國ハ清國カ滿洲ノ商工業ヲ發達セシメムカ爲列國ニ共通スル一般ノ措置ヲ執ルニ方リ之ヲ阻礙セサルコトヲ互ニ約ス

つまり日本はポーツマス条約で次の二つを約束しています。

第一に遼東《りょうとう》半島を除いて満州においては清国の主権を認め、日露双方は満州から撤兵すること。

第二に満州においては各国平等の待遇を行なうこと。

日本の多くの人は日露戦争で日本は満州という特殊権益を得たと思っています。しかし、ポーツマス条約をよく見れば、南満州鉄道の権益と遼東半島を除き、そんな特殊権益はありません。

でも日本の軍隊は満州に残り、ここを日本の特別の権益の土地とする行動を取っていきます。

日露戦争直後に、米英双方は
日本が満州に兵を置き、独占的に運営しようとすることに抗議します

最初に抗議したのは、英国です。日本は日英同盟という背景を以って、日露戦争に勝利したわけですから、英国の抗議は重要な意味を持ちます。

マクドナルド英駐日大使が一九〇六年三月三十一日付で韓国統監伊藤博文《いとうひろぶみ》へ送った書簡（抜粋）です。

「満州における日本の軍事官憲は、軍事的動作に依って外国貿易に拘束を加え、満州の門戸は、曩《さき》にロシアの掌中に在った時に比べて、一層厳しく閉鎖せられた事である（略）。

現に日本政府の執りつつある政策は、露国との交戦当時日本に同情を寄せ、軍費を供給した国々を全く阻隔する、日本の自殺的政略だと評するの外はない（略）。

今日の儘で進んだならば、日本は輿《よ》国の同情を失い、将来開戦の場合には非常な損害を蒙るに至るであろう」（平塚篤編『伊藤博文秘録』春秋社）

さらに三月二十六日、アメリカ代理公使（ハンチントン・ウィルソン）は西園寺外務大臣に、エリフ・ルート国務長官の次のような強硬な抗議文を持ってきています。

「満州ニ於ケル日本官憲ノ行動ハ總《すべ》テノ主要ナル都市ニ於テ日本商業ノ利益ヲ扶植《ふしょく》シ且《かつ》總テノ利用シ得ヘキ地方ニ於テ日本臣民ノ爲《た》メニ財産權《ざいさんけん》ヲ收得セムトスルニ在《あ》リテ之《これ》カ爲メ該領土ノ撤兵ヲ了スル頃ニハ他ノ外國ノ通商ニ充《あ》ツヘキ餘地《よち》ハ稀有若《も》シクハ絶無タルニ至ルヘシ

世界列國ノ正當《せいとう》ナル通商及《およ》ビ企業ニ對《たい》スル『門戸開放』ニ同意スト云《い》ヘル日本國從來ノ熱誠ナル宣言ニ鑑《かんが》ミ斯《かく》ノ如《ごと》キ行動ハ合衆國政府ノ甚《はなは》タ痛惜《つうせき》スル所ナリ」（外務省編『日本外交文書』第三九巻第1冊、明治三十九年）

米英両国は、「日本は約束を破り、満州を独占しようとしている」と抗議しています。一九〇六年、日本の中国への進出をめぐり日本と米英は対立しています。すでに、真珠湾への道が敷かれています。

満州の処理をめぐり、伊藤博文（元首相）と児玉源太郎《こだまげんたろう》（陸軍参謀総長）が対立します。とりあえず、伊藤氏の意見が通りますが、それが、後に覆《くつがえ》ります。しかし、この論争こそ、満州問題の本質をついています一九〇六年五月二十二日、首相官邸において元老および閣僚の「満州問題に関する協議会」が開かれました。満州を我が物にしようとする軍部の動きに懸念を持った伊藤博文の要請によって、開催されました。

官僚出身の政治家で厚生相も務めた鶴見《つるみ》祐輔《ゆうすけ》は大作『後藤新平《ごとうしんぺい》』（後藤新平伯伝記編纂会）を書きます。鶴見の妻は後藤新平の娘です。そこに次の記述があります。

◎伊藤博文（いとうひろぶみ／一八四一－一九〇九）
政治家。松下村塾に学び、尊王攘夷運動に参加。一八七一年、岩倉使節団の副使として渡欧。帰国後は征韓論を制圧、さらに明治十四年の政変で大隈重信を政府から追放、最高指導者に。一八八五年、内閣制度の創設とともに初代内閣総理大臣に就任。一九〇五年、韓国統監。〇九年、ハルビンで安重根に射殺された。

◎児玉源太郎（こだまげんたろう／一八五二－一九〇六）
陸軍軍人、政治家。佐賀の乱、神風連の乱、西南戦争に陸軍として従軍、頭角を現わす。一八八七年、陸軍大学校校長に就任しドイツの軍制・戦術の紹介に努め、九一年にはヨーロッパを視察。日清戦争では大本営参謀として活躍。日露戦争において満州軍総参謀長を務め、日本の勝利に貢献した。

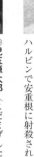

「その出席者は元老、重臣、閣僚を網羅し、その論ずるところは大陸経営の根本に亘り、まことに日本膨張史上の一大事件であった」

なぜ、鶴見祐輔は「日本膨張史上の一大事件」と位置づけたのでしょうか。

日本国内では日露戦争後、満州を日本の利権としてこれを確保しようと動きます。これを止めるために、伊藤博文が会議を要請したのです。

この協議会では、満州を我が物にしていこうとする意見を陸軍参謀総長・児玉源太郎が述べます。これに伊藤博文（元首相）が激しく反論します。

ここでは主に、伊藤博文の主張点を『伊藤博文秘録』などから見てみたいと思います。

「満州方面に於ける日本の権利は、講和条約に依って露国から譲り受けたもの、即《すなわ》ち遼東半島租借地と鉄道の外には何物も無いのである（略）。

商人なども仕切りに満州経営を説くけれども、満州は決して我国の属国では無い。純然たる清国領土の一部である。属地でも無い場所に、我が主権の行はるゝ道理はない」

「恒久的平和からえらるべき唯一の方法は、満州鉄道を清国領土にはいったところから国際化せしめることにある。（略）もしイギリスとアメリカがこの管理にあたるならば十分であろう」

「もし、今日のままに放任せば、北清のみならず、二一省の人心は終に日本に反抗するに至るべし。清人中には国権恢復の意見を抱くもの多く、その勢力決して侮るべからず」

伊藤博文は満州に権益を拡大する動きには次の危険を内蔵していることを指摘します。

①　日本が独占的地位を占めようとすることに対する米英の反発

②　中国国内で必ず抵抗運動が出てくる

かつ伊藤博文は、この会議で、陸軍参謀総長・児玉源太郎を圧倒します。

ここで、軍の駐屯を排します。

この会議があったのが一九〇六年五月二十二日です。

そして、伊藤博文が安重根《あんじゅうこん》によって射殺されたのが一九〇九年十月二十六日です。満六八歳でした。

彼が一〇年生き延び、穏健派の勢力を伸ばしていれば、歴史は変わったかもしれません。

伊藤博文は再びロシアが南下してくることを懸念しています。しかし、米英を満州鉄道の経営に当たらせれば、ロシアに対する牽制になると判断しています。

しかし日本国民はこれと逆の方向へと動いていきます。

一九〇五年十二月二十七日付東京日々新聞は次の論を展開しています。
「今や開放となりし一六都市における折角《せっかく》の好市場を得たるを機とし、他国品を圧倒して我が独占市場たらしむの畫策《かくさく》を立てざるべからざるなり」（『日露戦争前後』）
そしてこの考え方は軍部の中心的考え方でもありました。
「南満州鉄道をもって大陸経営における策源地としようとする考え方は、すでに日露戦争初期満州軍総参謀長児玉源太郎と台湾総督後藤新平との協議のうちに発している」（同前）
後藤新平と児玉源太郎の満州への考え方は次のようなものです。
「第一に鉄道、第二に炭鉱、第三に移民、第四に牧畜。特に移民を重視し十年間に五十万人とする。これによりロシアが戦端をひらくのを難しくする」（『後藤新平』）
「日本からの移民を大量に置けばロシアの侵攻を防げる」という論は間違っていることを、一九四五年のソ連軍の満州侵攻で証明されることになります。
ソ連軍の進出によって日本からの満州への移民が悲惨な運命に直面しました。
南満州鉄道の共同経営提案（買収）問題が発生します。
この処理もまた日本の満州経営に大きい影響を与えます

すでに見たように、日本は日露戦争によって、巨額の財政負担を強いられます。満州については、①清国の独立を認め、欧米諸国と中国の市場を共有するという政策と、②できるだけ日本の権益を拡大するという二つの大きな選択があります。

そのどちらの道を選ぶかが問われたのは、**アメリカの鉄道王ハリマンによる南満州鉄道を共同経営（買収）しようとする動きです。**

ハリマンの提案はさまざまな表現で述べられているので、その内容を一九〇五年十月十二日に締結された「桂《かつら》・ハリマン協定」（南滿洲鐵道に關する予備定覚書）で見てみたいと思います。

・南満州鉄道の買収・改築、整備延長などのため日米間でシンジケートを組織する
・日米両当事者は共同かつ均等の所有権を有する

◎**桂・ハリマン協定**
南満州鉄道の日米共同経営に関する予備協定。一九〇五年十月、桂太郎首相とアメリカの鉄道企業家ハリマンとの間で交換された。奉天以南の東清鉄道の日米共同経営を規定したが、ポーツマス講和会議から帰国した小村寿太郎外相の強い反対で翌年一月に破棄。

・満州の発展に関しては均等の利益を受ける権利を有する

一般的には「一億円（当時のお金）で以って経営権を買いとろうとした」と表現されています。

一九〇五年の日本の租税収入は二億五一二八万円です。

ハリマンの提案に好意的に反応したのが元老《げんろう》の井上馨《いのうえかおる》、財界の渋沢栄一《しぶさわえいいち》、それに桂太郎《かつらたろう》首相です。

これに反対したのが、外相・小村寿太郎《こむらじゅたろう》です。

小村寿太郎はポーツマス条約に署名するや帰国の途に就《つ》き、横浜入港早々に「桂・ハリマン協定」を示され、驚愕《きょうがく》し反対の動きを始めます。小村は桂首相に次の書簡を送ります。

「**すでに講和条約にすら大不満のわが国にして、もしそのわずかにえた南満州鉄道をも**（略）**売渡し、みずから今次の計画を知ったならば民心がいやが上にも激昂し、さらにいかなる大騒擾《そうじょう》をも惹起するやも測りがたい。**ハリマン案のごときはポーツマス条約の真髄を殺すのみならず、また（略）講和条件に関する廟議《びょうぎ》の精神を無視するものである」（黒羽茂『世界史上より見たる日露戦争』至文堂）

結局この問題は小村寿太郎の意見が通って白紙に戻されました。

この問題の一番重要な点は、①清国の独立を認め、欧米諸国と中国の市場を共有するという政策と、②できるだけ日本の権益を拡大するという二つの大きな選択のうち、①ではなくて、②を選択するという対立を含んだ道を選んだということです。

少し脇道になりますが、日本は南満州鉄道の修理などの資金はどのようにしたのでしょうか。

『世界史上より見たる日露戦争』に興味深い記述があります。

金子堅太郎《かねこけんたろう》発言――

わが政府は現在同鉄道の整理・再興に使用するほどの資金はなにほどもない。

モントゴメリー・ルーズヴェルト発言〔モルガン財閥が派遣した人物〕――

三〇万ないし四〇万円の金額を年五分五厘の利息にて前貸しするであろう。しかし（略）条件が付されており（略）、レール・機関車および車両はアメリカ工場より買いいれられることである。

財政的に日本独自で管理する能力はなかったのです。

ここで「ＩＦ」を考えてみたいと思います。
満州鉄道の日米共同管理という構想が実現したとしましょう。
この利点は次のものになります。

①満州を支配下に置いた日本軍は、常にソ連が復讐戦を挑んでいることに備えなければなりませんでしたが、米国の権益が絡みますから、日本単独で守るという状況は変化します

②中国をめぐり、米国と対立を続けていきますが、これもそう鋭い対立にならなかったでしょう

③日本は満州の支配に進み中国との戦闘に入っていきますが、たぶんこれもなかったでしょう

④満州経営、軍の強化という財政負担もそう大きくなかったでしょう

小村寿太郎の判断が正しかったか、井上馨、渋沢栄一、桂太郎首相の判断が正しかったか、私は後者だと思います。酷な言い方ですが、小村寿太郎は自分の関与したポーツマス条約を守りたいという私心が強かったと思います。

日露戦争後、日本はアメリカと戦うことを想定した「帝国国防方針」を策定します

一九〇七年四月四日国防方針を初めて策定します。

ここでは①日本の仮想敵国を露米仏独とする、②朝鮮、満州への進出を前提とする、③仮想敵国各々への戦い方を決めているということで、この実行は当然将来の米国との衝突につながります。

まず第一に「帝国の国防は露米仏独の順序を以て仮想敵国とし主として之を備ふ」として、米国を仮想敵国としています。

対米政策を見ますと「東洋に於ける海上兵力を掃討し」などは真珠湾攻撃時の方針と基本的に全く同じです。

「対米作戦方針は開戦劈頭先ず敵の東洋に於ける海上兵力を掃討し以て太平洋を制御し且帝国交通路を確保し併せて敵艦隊の作戦を困難ならしめ然る後敵本国艦隊の進出を待て之を激撃撃滅するに在り」

一九〇六年、山縣有朋《やまがたありとも》の上奏を契機に翌一九〇七年に決定しました。

山縣の原案を元に当時陸軍中佐であった田中義一が草案を作成します。

当時の西園寺公望《さいおんじきんもち》内閣総理大臣は、国防方針への意見と所要兵力の閲覧のみが許され、用兵綱領に関しては統帥権を盾に関与が阻《はば》まれています。

用兵は軍関係者以外には述べない方針を貫き、真珠湾攻撃のときについては、東條首相は天皇には説明できなかったと述べています。

この方針は真珠湾攻撃のときの日本の方針そのままです。

米国は当然、日本の国防方針は知っています。日本が戦争になれば、「開戦劈頭先ず敵の東洋に於ける海上兵力を掃討し」で来ることくらいは当然解ります。

米国もまた、日本と戦うことを想定する「オレンジ計画(War Plan Orange)」を策定しました

日露戦争の宣戦布告は一九〇四年二月十日です。

米国は日露戦争の勃発した年、世界の主要国と戦争する「カラー・プラン」を作りました。

ドイツはブラック、フランスはゴールド、英国はレッドです。日本はオレンジで、「オ

レンジ計画」は一九〇四年に初めて登場します。

「オレンジ計画」が存在することは、米国が、即、日本との戦争を考えたことは意味しません。その後、しばらくは、特段、オレンジ計画は進展しません。しかし、いったん、何か事件があったとき、米国軍部は対日戦争を実施する態勢に入れることを意味します。

一九二二年、ヴェルサイユ条約によって日本は赤道以北の旧ドイツ領を委任統治することとなります。マーシャル諸島などのミクロネシアの島々です。ドイツはアジアに拠点を

◎山縣有朋（やまがたありとも／一八三八－一九二二）

陸軍軍人、政治家。松下村塾で尊夷思想を学び、奇兵隊に入り頭角を現わす。明治新政府では大村益次郎の後を継いで陸軍の基礎を築き、「国軍の父」と称される。伊藤博文とともに明治政府の最高指導者となり、内務卿・枢密院議長・総理大臣などを歴任。軍部・政官界に築いた幅広い人脈は「山縣閥」と称される。

◎田中義一（たなかぎいち／一八六四－一九二九）

陸軍軍人、政治家。一九一八年、原敬内閣の陸相としてシベリア出兵を遂行、軍備拡充に務める。二七年、立憲政友会総裁として首相となり普通選挙による最初の総選挙を実施するが、緊急勅令で治安維持法を改悪。二八年に起きた張作霖爆殺事件の処理で天皇に咎められ総辞職。二カ月後に急逝した。

失います。英国も第一次大戦で力を消耗しました。この頃から米国は太平洋を重視し、日本に対する警戒心を増します。

日本は米国を仮想敵国ナンバー2とする国防方針を一九〇七年に作りました。

米国も、日本との戦争を想定して一九〇四年にオレンジ計画を作成しました。

ウォルドゥ・ハインリクス教授（アメリカ外交史専攻）は論評「アメリカ海軍と対日戦略」で次のように記述しています。

「両次大戦間の時代を通じて、日本はアメリカ海軍の最たる仮想敵国であった。『仮想』ということばは、単に『想像しうる』の意味ではなく、対日戦争が早晩不可避になる、とアメリカ海軍は信じて疑わなかったのである。海軍大学の机上作戦演習で設定される敵は、ほとんどいつも『オレンジ』（日本）であった」（麻田貞雄訳『日米関係史2』東京大学出版会）

両者の緊張が高まれば、いつでも軍部は戦争に行ける枠組みが日米双方にできていたのです。

日露戦争後日本は軍国化の道を一気に加速させます。

それは社会に大きい負担を課していきます

日露戦争を境に、日本は軍国化の道を一気に加速させます。

要因は二つあります。

一つは朝鮮を自分の支配下に置いたこと、南満州鉄道を拠点に満州進出の拠点を獲得したことにより、その維持に軍隊の強化が必要になります。

満州を日本の権益にすることで、ロシアの南下に対抗する力を持つ必要が出てきます。

現に一九三九年五月十一日から一九三九年九月十六日、ノモンハンで日本軍とソ連軍が衝突しています。一九三〇年代の軍事バランスは、日本側の推定では常にソ連が勝っていました。一九三四年六月時点では日本軍（関東軍と朝鮮軍合わせ）の五個歩兵師団に対し、ソ連軍は一一個歩兵師団を配備。一九三六年末までには一六個歩兵師団に増強され、日本軍の三倍に。一九三九年では日本の一一個歩兵師団に対しソ連三〇個歩兵師団であったといわれています。いずれにせよ、ソ連の南下に対抗する勢力を持つことが要請されます。

満州では当然、中国側の抵抗運動が生じますから、これに備える必要があります。

米国は中国の門戸開放を唱え、満州を支配しようとする日本と対立します。従って米国と戦う可能性もあります。

こうして軍国化が急速に進みます。184ページで見た数字がこれを実証しています。

日露戦争後、インフレ上昇、増税などで社会不安が増大します。社会運動も芽生え、それに対する弾圧も行なわれます。こうして社会不安は軍部独裁の道につながります

日露戦争終結の翌年の一九〇六年（明治三十九年）一月、日本では西園寺公望内閣が誕生しました。この時の外務大臣は加藤高明《かとうたかあき》ですが、政府・外務省は満州をめぐって軍部との対立を深めてゆきます。ポーツマス条約には「日露両軍は十八カ月以内に満州から撤兵する」という約款《やっかん》があったにもかかわらず、日本の陸軍は撤兵しないどころか満州で軍政を敷きました。こうした状況に危機感を抱いたのが、韓国統監府初代統監を務めていた伊藤博文です。以下、『伊藤博文秘録』（平塚篤編）をもとに政府と軍部の対立を見てみたいと思います。

軍部（陸軍）は満州において、鉱山や土地、鉄道、電信といった大きなものから船舶や車両など小さな物まで、すべてを「取の一字を以て唯一戦略と心得」ていました。日本政府は陸軍の行為を「不奪不厭《ふだつふえん》」（奪い尽くさなければ満足しない）だとして不満を募らせます。政府の基本的な方針はポーツマス条約と日清条約を遵守《じゅんしゅ》し、諸外国との協調にあったからです。

・ここに伊藤博文が登場します。伊藤は軍部と政府との間で意見の調整を図るため、二月十六日に主要人物を大磯《おおいそ》の私邸に呼び寄せました。集まったのは山縣有朋、大山《おおやま》巌《いわお》、西園寺公望、加藤高明、児玉源太郎、井上馨などでした。大磯秘密会議と呼ばれます。この会議の模様を加藤は「南満に於ける陸軍側の態度に関し、半日間を議論に費やす。数件は解決したが、他の頗《すこぶ》る重要な案件は児玉大将が熱心に主張する為に解決することが出来なかった」と述べています（翌三月、加藤は外務大臣を辞任します）。

・大磯秘密会議の後の三月十九日にマクドナルド英国大使が、二十六日にはウィルソン米国代理公使が、それぞれ「日本は満州の門戸を閉ざしている」と西園寺首相に抗議を寄せました。

・四月には西園寺首相が満州を極秘で視察します。その帰国を待って、伊藤は歴史的な「満州問題に関する協議会」を開催しました。場所は首相官邸、時は五月二十二日でした。出席者は伊藤、西園寺の他、山縣（枢密院議長）、松方正義《まつかたまさよし》（枢密院顧問官）、大山（公爵）、井上（侯爵）、寺内正毅《てらうちまさたけ》（陸軍大臣）、斎藤実《さいとうまこと》（海軍大臣）、阪谷将)、児玉（参謀総長）の計一三名です。

芳郎（大蔵大臣）、林董《はやしただす》（外務大臣）、桂太郎（陸軍大将）、山本権兵衛（海軍大

・この会議で伊藤と児玉が真正面から対立します。伊藤は次を述べます。

「余《よ》の見る所に依《よ》ると、児玉参謀総長等は、満州に於ける日本の地位を、根本的に誤解して居《お》られるようである。満州方面に於ける日本の権利は、講和条約に依って露国から譲り受けたもの、即《すなわ》ち、遼東半島租借地と鉄道の外《ほか》には何物も無いのである。（略）満州は決して我が国の属地ではない。純然たる清国領土の一部である。属地でもない場所に、我が主権の行わるる道理は無いし（略）満州行政の責任は宜しく清国に負担せしめなければならぬ」

・陸軍にとって、満州はいわば戦利品です。自分たちの物にした以上は手放したくありません。しかし伊藤は「満州は清国の領土である」として、諸外国との協調のもとに対満州政策を遂行することを主張しました。つまり軍部による満州の軍政を廃止すべきだ、ということです。会議に参加した大山や井上ら元老が伊藤に賛成したのは当然ですが、海軍大臣の山本も「軍は政治に従うべし」と言って軍部の独走に歯止めをかけました。その結果、会議は「関東総督の機関を平時組織に改むること」という決議を以って終了します。

・ひとまず軍部の独走は抑制されました。ところが元老たちの影響力が弱まるにつれ、軍は再び政府への対立的態度を取るようになります。そして伊藤が開催した「満州問題に関する協議会」の翌々年、一九〇八年九月二十五日に第二次桂内閣は次の「対外政策方針」を閣議決定します。

「帝国ガ現ニ満州ニ於テ有スル地歩ハ永ク現在ノ状態ヲ将来ニ持続スル（略）万一ノ事変ニ際シ威圧ヲ加フルノ止ムヲ得サル場合ニ処スルノ準備ヲ怠ラサル」

満州で万一、事変が起きたときに備えて武力攻撃（威圧）できる準備を怠らないということです。この閣議決定は政府が軍部の圧力を受けていたことを物語っています。伊藤が暗殺されるのは、その一年一カ月と一日後の一九〇九年十月二十六日のことでした。

日露戦争は日米開戦から見れば相当前の事件です。それが日米開戦の直接の原因であることはありません。

しかし、日米開戦への道の決定的引き金となった対立は、日露戦争後の中国問題です。日本は満州国を独立させ、それを確保するために中国本土に軍を進めましたが、これは歴史の必然ではありませんでした。

ポーツマス条約の合意に基づき、日本が獲得したのは南満州鉄道だけである、満州の権益は列強各国と共有していくという選択をしていれば、全く違った歩みをしたのです。かつそれは単なる仮定ではなく、伊藤博文元首相が考えていたことで、かつ伊藤元首相の存命中はこれが日本の方針でもあったのです。

こうした歴史を振り返ってみるにつけ、国益とは短期の利害だけで見てはならないということを学びます。国益とは、いかに長期的視点を持つかであり、つまり一方的利益を得ることを極力避けることなのではないでしょうか。

一方的利益を得れば、必ず相手国はそれを取り返そうとする行動を取ってきます。相手国の力の変化や、第三国との関係が絡み、一方的利益を維持することが困難となり、その維持を行なおうとする行動はとてつもない犠牲を強《し》いることがあると思います。

［第四章］

進みはじめた真珠湾への道

――日露戦争後から柳条湖事件直前まで

一九〇五年に日露戦争が終わり、日本の対中政策の方針は、主権尊重か市場開放かに分かれます。そしてロンドン海軍軍縮条約をめぐり「統帥権干犯問題」が持ち出されるなど、日米開戦への道を進みはじめます。

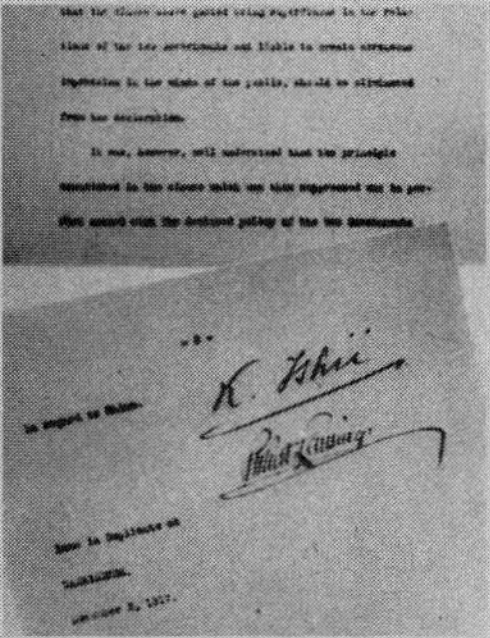

日米両国が中国の領土保全・門戸開放・機会均等の原則を確認した石井・ランシング協定。1917年、石井菊次郎特派大使と米国のランシング国務長官との間で結ばれた
写真／毎日新聞社

対中政策の選択――国際協調か、満州などの中国市場の独占か

満州を中心とする中国への日本の方針は二つありました。

一つは日露戦争でロシアから手に入れた南満州鉄道を軸に、満州に日本の独占的利権を確立しようとする動きです。増大する日本の人口のはけ口としようという考えもこの動きを補強します。

いま一つは中国の主権を尊重する、中国の市場は全ての国に解放されるべきだとするものです。

このどちらも主張する政治家やグループがいました。

前者には軍人や経済人、それに小村寿太郎のような外交官もいます。

後者には伊藤博文らがいました。ここまでは前章で見ました。

一見、権利はできるだけ拡大することが国家の利益に合致するように思います。しかし、権利を独占的に掌握《しょうあく》しようとすると当然反発が起こります。満州で言えば、この危険は次の三つです。

①　満州、中国の独占に対する米英の反発
②　支配に対する中国国民の反発
③　米英と中国の連携による反発の強化

①、②、③の動きは急速には出てきません。

しかし、それは徐々に徐々に形成され、これを抑えようと日本軍部の弾圧は強くなり、今度は抵抗の力がますます強くなるというスパイラルを形成していきます。

夏目漱石——「南満《なんまん》鉄道会社（満鉄）っていったい何をするんだい」

夏目漱石には孤高の人というイメージがあります。しかし彼には中村是公《なかむらよしこと》という友がいます。

中村是公は漱石を「金《きん》ちゃん」と、漱石は中村を「ぜこう」と呼び合う仲です。一九一五年十一月、友人で南満州鉄道総裁の中村是公の招きで湯河原《ゆがわら》の「天野屋《あまのや》旅館」に滞在した漱石は、持病のリウマチの治療もかねて、未完の絶筆となった『明暗《めいあん》』を執筆したと言われています。

中村是公は一九〇八年から一九一三年まで、後藤新平の後を引き継ぎ、二代目満鉄《まんてつ》総裁になっています。夏目漱石はこの中村是公・満鉄総裁の招きを受けて満州を訪れ、「満韓《まんかん》ところどころ」という寄稿文を書いています。

その冒頭が、「南満《なんまん》鉄道会社っていったい何をするんだいと真面目《まじめ》に聞いたら、満鉄の総裁も少し呆《あき》れた顔をして、御前《おまえ》もよっぽど馬鹿だなあと云った」です。

夏目漱石が「南満鉄道会社っていったい何をするんだいと真面目に聞いたら、満鉄の総裁も少し呆れた顔をして、御前もよっぽど馬鹿だなあと云った。是公《ぜこう》〔中村是公のこと。「ぜこう」は通称〕から馬鹿と云われたって怖《こわ》くも何ともないから黙っていた。すると是公が笑いながら、どうだ今度《こんだ》いっしょに連れてってやろうかと云い出した」と書くくらいですから、満鉄がどういう組織であるかは当時の人でも解っているわけではありません。

満鉄は日本が満州を統治する機関です。

鶴見祐輔の『後藤新平』には満鉄のことが詳しく書かれています。後藤新平は鶴見祐輔の妻、愛子《あいこ》の父であり、初代満鉄総裁です。

戦後〔日露戦争後〕満州経営の唯一の要訣は、陽に鉄道経営の仮面を装い、陰に百般の施設を実行するにあり。

〔児玉源太郎・陸軍参謀総長が後藤新平に満州経営のありようを問うたのに対して〕

〔後藤〕伯の胸中に浮かんだのは、英国のインド統治であった。（略）彼らは業々《ぎょうぎょう》しき官制軍制を設けずして、さりげなく一商事会社を設立し、名を貿易商事にかりて、実はインド大陸の征服を行い、その無尽蔵の金銀財宝を英本国に奪い帰ったのである。（略）伯はこの創見を児玉に呈し、児玉はその烱眼《けいがん》をもって、ただちにこの大策を容れた。それが満鉄会社発生の源泉であった。

民間の会社の装いの下、満州の統治をする、それが満鉄に課せられた課題です。後藤新平の使用した言葉に、「文装的武備《ぶんそうてきぶび》」があります。武力を前面から引く形を取ります。しかし、あくまでも強い武力を背景に置いて植民地支配を進めます。

一九〇六年、児玉源太郎を委員長とする満州経営委員会が設立され、六月七日に「南満州鉄道会社設立に関する件」が公布されます。

ここでは鉄道のみならず、石炭の採掘、水道、電気などの事業も入ります。さらに駅周辺の数キロ四方は、鉄道付属地とされ、ここでは土木、教育、衛生などの行政を行ないます。これらを見れば、南満州鉄道会社は満州を実質的に支配下に置く機関であることが解ります。

一九三二年七月には外務大臣になった内田康哉《うちだこうさい》、一九四〇年七月に外務大臣になった松岡洋右《まつおかようすけ》が満鉄総裁を務めています。軍で言えば、日米開戦に踏み切った東條英機首相は関東軍参謀長でした。これだけでも、満鉄や満州の重要性が解ると思います。

中国の目覚め——辛亥《しんがい》革命を出発点

福沢諭吉《ふくざわゆきち》の論評に「脱亜論《だつあろん》」があります。一八八五年に書かれたものです。福沢諭吉は日本の隣国「支那《しな》」と「朝鮮」には全く未来がないと断じます。

「今より數年《すうねん》を出でずして亡國と爲《な》り、其國土は世界文明諸國の分割に歸《き》す可《べ》きこと一點《いってん》の疑あることなし」

そして日本の行く末はこの両国との関係を絶ち、西欧諸国の仲間入りをすることだと説きます。

「我國は隣國の開明を待て共に亞細亞を興すの猶豫《ゆうよ》ある可らず、寧《むし》ろ其伍を脱して西洋の文明國と進退を共にし、其支那朝鮮に接するの法も隣國なるが故にとて特別の會釋《えしやく》に及ばず、正に西洋人が之に接するの風に従《したが》て處分《しよぶん》す可きのみ」

これが、明治、大正、昭和初期の日本人の対中国観だったと言えます。

ただし、脱亜論には「幸にして其の國中に志士の出現して、先《ま》づ國事開進の手始めとして、大《おおい》に其政府を改革すること我維新の如き大學を企て、先づ政治を改めて共に人心を一新するが如き活動あらば格別なれども」として、国内改革の可能性は排除していません。日本での維新がそうであったように、中国民衆の中に「滅洋（西洋を滅ぼす）」「倒満興漢（満州王国を倒し、漢民族を興す）」の動きが出ます。中心になったのは孫文《そんぶん》です。

一九一一年から一九一二年にかけ、中国で革命の動きが出ます。一九一二年二月十二日、清朝《しんちょう》は崩壊し、二月十五日袁世凱《えんせいがい》が臨時大総統に選出されます。これら一連の動きが辛亥革命と称されます。

辛亥革命の位置づけは、「中国が近代的な国民国家となるには、その後も長い道のりを歩まねばならなかったことがわかります。とはいえ、一九一一年の辛亥革命が、一九世紀に列強の半植民地と化した中国が、真の独立を回復するための輝かしい第一歩となったこ

◎**松岡洋右**（まつおかようすけ／一八八〇－一九四六）
外交官、政治家。一九三二年、国際連盟総会の主席全権に。翌年、総会が満州国を否認するリットン報告書を採択したことに抗議して退場。四〇年、近衛文麿内閣の外相に就任、日独伊三国同盟を結んで枢軸外交を推進した。戦後、A級戦犯として起訴されるが四六年、病死。

とはたしかなのです」（ロバーツ著、福井憲彦訳『世界の歴史⑧』創元社）ということと思います。

中国は辛亥革命から目覚ましい近代化を遂げます。

「辛亥革命から第一次大戦中にかけて中国の近代化はめざましい進展をとげた。一例をあげれば、教育面では、一九〇五年から一九一七年までの十二年間に、小中学校数は約四千から十二万一千余に、生徒数は約十万から四百万に急増した」（馬場伸也『満州事変への道』中公新書）

そしてこの力は革命に向います。

この運動の起爆剤は「滅洋」です。これで革命を起こす力が出てきます。日本が中国を植民地化する動きが出れば、これに反発する大きな力が出てきます。中国共産党は日本軍と戦うことをスローガンに中国統一を図っていきました。

福沢諭吉の「脱亜論」はその当時では正しいのです。しかし、中国が「辛亥革命」、そして孫文、蔣介石、共産党の時代と変化していく中で、日本は変化についていけません。「常に自治ができない国」として対応していきます。それが、日本が中国で失敗を拡大していく所以《ゆえん》です。

第一次世界大戦に参戦した日本は山東《さんとう》省権益、独領南洋諸島を獲得します。
しかし、山東省権益獲得は中国国内の反感を強め、米国が反発します。
時代の流れに抗して、無理に獲得する、それは結局将来の火種を残します。
日本が日中戦争という無理筋に入る契機です

日中戦争に至る歴史を日本の高校ではどう教えているのでしょうか。再び山川出版社『詳説日本史』を見てみたいと思います。

「イギリスがドイツに宣戦すると、〔第2次大隈《おおくま》内閣は〕日英同盟を理由にドイツに宣戦し、中国におけるドイツの根拠地青島《チンタオ》を占領し、さらに赤道以北のドイツ領南洋諸島の一部を占領した」

「日本はヴェルサイユ条約によって、山東省の旧ドイツ権益の継承を認められ、赤道以北の旧ドイツ領南洋諸島の委任《いにん》統治権を得た」

軍部はドイツが欧州で戦っている間隙《かんげき》をぬって、ドイツの権益を占領しました。

そして外交的には、ヴェルサイユ条約によって日本の権益を認めさせました。

たぶん、多くの人は、「日本の勝利、よくやった」と思うでしょう。

でも、本当にそうでしょうか。

『詳説日本史』をもう少し見てみたいと思います。

「旧ドイツ領南洋諸島の委任統治権を得た」の後に次の記述があります。

「しかし、山東問題については会議中からアメリカなどが反対し、連合国の一員として会議に参加していた中国も、日本の二十一カ条の要求によって結ばれた取決めの撤回《てっかい》を会議で拒否されたことや、旧ドイツ権益の中国への直接返還などを求める学生・商人・労働者の反日国民運動（五《ご》・四《し》運動）がおきたことなどから、ヴェルサイユ条約の調印を拒否した」

山東省の権益の獲得は、アメリカと、中国の国民の反発を招きました。

こうした反発は、最初はさして強力でありません。「だから大丈夫」と強引に推し進めます。しかし、時間の経過とともにこの反発が強くなります。そして日米開戦直前には、中国の抗日勢力と米国が手を結び、日本がそれを排除しようとして米国の制裁を受けて、日本は戦争に突入します。

歴史的に見ると、「ドイツの権益を占領」と「ヴェルサイユ条約によって、山東省の旧ドイツ権益を認められる」間に一つの事件があります。

『詳説日本史』には次のようにあります。

「大戦のためヨーロッパ諸国が中国問題に介入する余力のないのを利用して、１９１５

（大正4）年に中国の袁世凱《えんせいがい》政府に二十一カ条の要求をつきつけ、最後通牒《つうちょう》を発して要求の大部分を承認させた。そのおもな内容は、山東省のドイツ利権の継承、南満州および東部内蒙古《うちもうこ》の権益の強化、福建《ふっけん》省の他国に対する不割譲の再確認、日中合弁《ごうべん》事業の承認などであった」

「二十一カ条の要求に対する中国国民の反感は非常に強く、日本の最後通牒により政府が要求をうけいれた5月9日を国恥《こくち》記念日とした」

元トルコ大使で、戦前に中国で勤務した上村伸一《うえむらしんいち》は著書『日本外交史17　中国ナショナリズムと日華関係の展開』（鹿島研究所出版会）の中で次のような評価をしています。

「日露戦争の結果、日本は満州に根を下ろすことができたが、中国本土への進出は思うに委せないので、ヨーロッパ大戦参戦を機会に中国本土への進出を図るというのが、日本の大勢になって来たのである」

「政局の実権は依然として元老たちの手に握られ、内閣首班の奏請は元老会議によるものだから、元老の勢力は牢固《ろうこ》たるものがあった。元老の筆頭は陸軍の長老山縣有朋元帥で、それに井上馨、大山巌元帥が含まれていた。山縣元帥は、陸軍の伝統である大陸進出論者だし、世論もこれを支持したので、大隈内閣が参戦へと傾いたことは当然であった」

確かに、「山東省権益、独領南洋諸島を獲得した」というのは短期的に見ると、プラスに見えます。国民は拍手喝采《かっさい》です。

しかし、実は国際社会はこれを歓迎していません。まして中国は強い反発を持っています。

この時機、伊藤博文が生きていれば展開は異なったと思います。

伊藤博文は一八四一年生まれ。

山縣有朋は一八三八年生まれ。

伊藤博文のほうが長生きする可能性はあったでしょう。

そうであったら、そのときは、日本の歴史は変わっていたでしょう。

伊藤博文は安重根に暗殺されました。この暗殺によって、山縣有朋に対抗できる伊藤博文が日本の政治の舞台から消えた歴史的意義は大きいのです。この問題については、特別の項を設けて考えてみたいと思います。

日本は日英同盟を理由にドイツに宣戦しましたが、英国は日本に参戦を控えるように外務大臣レベルで言っているのです。たぶんほとんどの人は知りません

前項で、『詳説日本史』に「イギリスがドイツに宣戦すると、第2次大隈内閣は、日英

同盟を理由にドイツに宣戦し」とあるのを見ました。

たぶん、多くの人は、「日本が第一次大戦でドイツと戦うことを、ドイツを敵とする英国は歓迎する」と思うでしょう。ウィキペディアは「開戦に際して、イギリス政府からの要請を受け、連合国側として第一次世界大戦に参戦した」と記述しています。でも違います。

イギリスは一九一四年八月四日にドイツに宣戦布告します。

八月三日に英国エドワード・グレイ外相は井上勝之助《いのうえかつのすけ》駐英大使に次を述べます。

「イギリスは、日本の援助を求める必要に迫られることはおそらくないと思う。**日本を今回の戦争に引き入れることもイギリス政府としても避けたいところである**」

英国は極東における英国商船への攻撃のおそれがあり、一時日本の協力を求めますが、再度方針を変え、八月十日、井上駐英大使に次の書簡を渡します。

「支那における攪乱《かくらん》を避くるがため、（略）英国商船の保護のみに局限せんことを切望するものなり」

ついで、十一日、グレイ英国外相は次を述べます。

「**世間において、日本はこの際、領土侵略の野心があるのでないかと誤解する者も少なくないので、日本は支那海の西及び南並びに太平洋において戦闘しないことを声明された**

い」

しかし、日本の取った道は逆でした。十二日、日本側は「戦地局限を宣戦布告に声明することは断じて不可である」と英国側に伝えます。

英国としてはドイツと戦争するわけですから、東洋にかまっていられません。しかし、「日英同盟があっても、日本に参戦してほしくない」というのが英国の立場で、これを外交ルートで伝えています。

英国は「支那における攪乱を避くるがため」に見られるように、中国事情を厳しく見ています。

それより重要なのは、英国は、日本が中国におけるドイツの権益を取ることに反対しているということです。日本が日露戦争に勝利した背景には日英同盟がありましたが、日本は対中政策で、米国に加え、英国も敵に回すことになっていきます。

第一次大戦中の一九一五年一月十八日、大隈重信《おおくましげのぶ》内閣（加藤高明《かとうたかあき》外相）は中華民国の袁世凱に「二十一カ条の要求」を突きつけます。

基本は満州の利権確保とドイツ利権の獲得です。中国民衆から激しく反発を招きます米英独仏など列強は第一次大戦で死活的な戦争をしています。とてもアジアに関心を向ける余裕はありません。

他方中国は依然弱体です。中国では一九一一年から一二年にかけて革命が起こり、清朝が崩壊し、一二年二月十五日、袁世凱が中華民国第二代臨時大総統に就任しました。そして、この直後より中華民国が諸外国から政府として承認され、中国は新しい時代に入っています。それも革命という民衆の蜂起を背景に政権が作られたことは極めて重要です。しかし、政権基盤は弱体です。

大陸への拠点を固めようとする日本軍部には絶好の機会です。

一九一五年一月十八日、日置《ひおき》公使が袁世凱大統領に二十一カ条の要求を提示します。二十一カ条ですからさまざまな要求が入っています（最終的には十六カ条）。

袁世凱は受理を決めますが、「日本の圧力でやむを得なかった」というポーズを取るた

◎**大隈重信**（おおくましげのぶ／一八三八‐一九二二）
政治家、教育者。幕末の動乱期に引き続き明治新政府でも中枢で活躍するが、伊藤博文らと対立して下野（明治十四年の政変）。翌一八八二年、立憲改進党を創立、総理となり自由民権運動の一翼を担う。九八年には憲政党を結成し、最初の政党内閣を組織した。早稲田大学の創立者でもある。

めに、最後通牒を出すよう求めます。このとき、日本軍は満州に二万、上海に三万が出動準備を整えていました。

二十一カ条の要求で特に重要なのは満州の利権確保と、ドイツが持っている利権の獲得です。

以下に日本側の要求を原文から抜粋・要約してみます。

［第一号］　山東問題の処分に関する条約案

第一条　ドイツが山東省に関して保有する一切の権益を日本に譲与、処分することを、中国政府は承認する。

第二条　山東省内はもちろん、その沿海一帯の土地や島を、他国に譲与、貸与しない。

［第二号］　南満州および東部内蒙古における日本の地位を明確にする条約案

第一条　旅順・大連（関東州）の租借期限、ならびに南満州鉄道・安奉鉄道の権益期限を、さらに九九カ年ずつ延長する〔孫崎注：これにより旅順と大連の租借期限は一九九七年まで、満鉄と安奉鉄道については二〇〇四年まで延長されることになります〕。

第二条　日本人には各種商工業上の建物の建設や、耕作に必要な土地の賃借権、所有権が与えられる。

第三条　日本人は南満州および東部内蒙古を自由に居住、往来できる。また商工業その他の業務に従事できる。
第四条　日本人には鉱山の採掘権が与えられる。

「二十一カ条の要求」は誰がイニシアティブを取ったのでしょうか。
当時の首相は大隈重信です。
大隈重信は自由民権運動に参画し、「学問の独立」を唱え、東京専門学校（現・早稲田大学）の設立に関与するなど、開明派というイメージがあります。彼が中国に高圧的な態度を自ら取ったとするのは、どうもしっくりしません。
戦前の外交官である堀内干城《ほりうちたてき》は著書『中国の嵐の中で』（乾元社）で次のように記述しています。

「二十一ヶ條問題は大隈総理、加藤外相の発案によるものではなく、元老や軍部筋有力者の高圧と指導に基づくものであったことが漸次分って来た」

一九一四年八月八日、ドイツに対する宣戦布告問題を審議するため、元老と閣僚との合同会議が開催され、ここで、**「含欧州の大禍乱《からん》は日本国運の発展に対する大正新代の天祐《てんゆう》にして、日本国は直に挙国一致の団結を以って、此天祐を享受せざるべからず」**（大隈侯八十五年史編纂会『大隈侯八十五年史』）を決めます。

「二十一カ条の要求」は山縣の首唱です。

『公爵山縣有朋伝（下）』（昭和八年）を見ますと、一九一四年九月二十四日、山縣、大山《おおやま》巌《いわお》、松方正義《まつかたまさよし》、井上馨が午前九時から午後五時四五分まで大隈首相を呼び出し懇談を行ない、会合の終了後、大隈首相は「全然同意」を表明していますし、この元老が大隈首相に覚書を送ったりしています。その大隈内閣の発足は、これら元老の意向によって作られた面もありましたので、この流れは自然です。

山縣有朋が中心にいると見れば、欧州が混乱している中、日本の権益を固める絶好の機会と判断し行動を取ったのは、納得できます。

この二十一カ条の要求についてはさまざまな評価ができると思います。

加藤伯伝記編纂委員会（代表幣原喜重郎）が出版した『加藤高明（下巻）』（伊藤正徳編、昭和四年）は次のように記しています。

賛否の両論は岐《わか》れ、今日は、勿論、恐らくは今後も永久に、褒貶《ほうへん》の二説が交流して、容易に一致することは無かろうと想像されるのである。

賛成するものは、此外交こそ、帝国の満蒙に於ける地位を永久に確立した大功業で

あると断言する。（略）
反対に、之を非難するものは、過大なる要求を掲げた為に、武力威嚇手段に訴ふるの外に解決の途を失い、折角の日支親善の傾向を覆えした。また世界からは、日本の外交が常に侵略を秘蔵するという猜疑を受けて、無形の損失を招いたと説く。

二十一カ条の要求も、歴史の「岐路」でした。

賛成する人は、日本の主張を実現できたことを評価します。

批判する人は、中国国民の反発を得、欧米諸国との対立の道を進むと評価しています。

先にも著書を引いた上村伸一は、昭和十七年から二十年に外務省政務局長として中国で勤務しました。彼は前掲書『日本外交史17』で、二十一カ条の要求について次のように書いています。


日本の二十一箇条要求が中国の民心に与えた影響は、日本で想像する以上に深刻なものがあった。

中国はすでに民族（辛亥）革命にも一応成功して共和制となり、中国ナショナリズムはいやが上にも盛り上って、その開花期を迎えようとしていた。その時期において日本は、帝国主義の復活を思わしめるような二十一箇条の要求を突きつけ、しかも最後通牒により有無をいわせず中国を捻じ伏せた形になったので、中国民心に与えたショックもことのほかに深刻であった。ために中国各地に、排日、排日貨運動が燃え上がったが、日本の抗議により袁政権は、これに臨むに弾圧政策をもってしたので、民心の不満は陰に籠って爆発の機会を待つという状態になっていた。（略）

平和会議〔第一次大戦の〕が山東に関する日本の主張を支持したというニュースは、五月一日に北京に伝わった。

このニュースを耳にした北京大学の学生の一団は、即日これに抗議する集会を開いたが、五月四日になると、大学生らは天安門に集合し、三千の学生が抗議のデモ行進に移った。（略）五日には、北京全市の学生がスト体制に入り、六日には北京の中学生以上の学生が連合会を結成し、（略）愛国運動を展開して日本商品のボイコットを呼びかけた。（略）

さすがに荒れ狂った排外的、反政府的な嵐も、官憲の弾圧により一時は鎮まったが、この台風の底流にはすでに発酵しつつある新時代への息吹きが流れていた。したがって台風は一時的には鎮静したかに見えたが、その底流においては発酵が続けられ、ことあるごとにそれが爆発して、民族革命へと進んで行ったのである。

軍関係者にも同じ見方をしている人がいます。

開戦時、陸軍軍務課長であった佐藤賢了は『大東亜戦争回顧録』で次のように指摘しています。

「〔二十一カ条の〕内容を子細《しさい》に検討すれば、（略）他の列強の対中政策にくらべればまだ軽いものにすぎないようであるが、民族的自覚にめざめた中国の新時代に逆行するものだった。

しかし内容のほかに（略）武力を背景に最後の通牒《つうちょう》を発したことが最も大なる恨みを買ったのである。（略）〔これは袁世凱の巧妙な謀略に〕マンマと引っかかったのだ。（略）後の満州事変・支那事変の遠因を胎したもので、歴史を繙《ひもと》いて誰か慟哭《どうこく》しないものがあろうか」

石井・ランシング協定。日本は権益確保、米国は市場開放を求め、日米が対立する中、米国は日本が中国に「特別の利益と影響を持つ」ことを認めますが、これもほんのわずかの期間で、米国はすぐこの合意を破棄します石井・ランシング協定についての説明を『詳説日本史』で見てみたいと思います。

「日本の中国進出を警戒していたアメリカは、（略）特派大使石井菊次郎《とくはきくじろう》と国務長官ランシングとのあいだで、１９１７（大正６）年、中国の領土保全《ほぜん》、門戸《もんこ》開放と（略）日本は中国に特殊利益をもつと認める公文《こうぶん》が交換された（石井・ランシング協定）」

この協定の調印は一九一七年十一月二日です。

この協定は双方が自己の見解を述べるという形を取っています。

ランシング国務長官から次のような覚書が発出されます。

「国務長官より石井全権大使宛ノート（覚書）

合衆国政府は日本が支那において特殊の利害を持つことを承認す。支那の主権は完全に存在する。日本国が他国の不利なる偏頗《へんぱ》の待遇を与えざる旨の日本国政府の累次の保障を全然信頼す」

これに対して石井全権大使から国務長官へノート（覚書）が発出されています。

日本国は次を確認する。

・日本国が支那において特殊の利害を持つことを承認す。

・他国の通商に不利になる待遇を与えない。

声明す。

・日本は毫《ごう》も支那の独立又は領土保全を侵害するの目的を有するものに非《あら》ざることを

真珠湾攻撃への要因で、最も重要な問題の一つが、中国政策で日本と米国が合意点を見いだせなかったことです。日本は特殊権益を求め、米国は門戸開放を求めています。両者は本質的に対立しています。しかし、極めて僅《わず》かの時間の間だけ、両者に合意がありました。それが石井・ランシング協定です。その重要性のわりには、あまり関心を集めてきませんでした。

この協定の成立を当事者である石井菊次郎著『外交余録』（岩波書店、一九三〇年）で見てみたいと思います。

まず当時の状況です。

◎石井・ランシング協定

一九一七年、石井菊次郎特派大使とアメリカのロバート・ランシング国務長官の間で結ばれた中国に関する共同宣言。アメリカが中国における日本の特殊利益を承認し、同時に日米両国が中国の領土保全・門戸開放・機会均等の原則を確認した。しかし特殊利益の解釈は当初から異なっていた。二三年、廃棄。

「大正四年日支両国間に締結せられたる諸協定に対しても**米国政府は何等拘束を受けざるため留保こそすれ、我特殊利益を承認するの観ある行動は一切之を避けたのであつた**」

もともと、石井菊次郎が訪米したのは、中国問題について協議するためではありませんでした。

米国は一九一七年四月六日、第一次世界大戦に参戦しました。日本は連合国側にいましたから、米国の参加の御礼を言うために、石井菊次郎元外務大臣が八月に訪米したのです。

ウィルソン大統領は米国の国内の反対を押し切って参戦しました。それだけに、自分の政策に対する支持を示すために、わざわざ日本から来てくれた石井全権大使の訪問を大歓迎しました。

そこで石井はウィルソン大統領に中国問題を打診します。ウィルソン大統領は石井に好意的に対応します。そして具体的には「ランシング国務長官と交渉してくれ」と言います。

石井菊次郎元外務大臣は基本的に、「米国の『門戸開放政策』は日本に利益になる」という考えを持っています。

「門戸開放になれば、欧米は自国の製品を中国市場に持っていくには一カ月半から二カ月かかる。他方日本からは一週間で運べる。中国の経済の中心は揚子江《ようすこう》周辺であるので、むしろここを開放すれば日本に有利であるはずだ」という考え方です。

石井菊次郎は米国の門戸開放政策を認めます。

問題は日本の権益をどのように位置づけるかです。

当時、ランシング国務長官は日本の権益を認めることに躊躇《ちゅうちょ》します。**石井菊次郎はウィルソン大統領が好意的に対応していることを見抜きました。これを背景に石井はランシング国務長官と交渉を続け、結局両者は日本が「特別の利益と影響（special interest and influence）を持つこと」に合意します。**

石井は「勢力範囲を確定していくことは野心政治の産物であり、侵略外交の遺物である」という考えを持っています。

ではこの石井・ランシング協定の運命はどうなったでしょうか。

米国はやはり、日本に「『特別の利益と影響』を与えることはまずい」と判断します。

一九二一年三月、共和党のハーディング大統領の登場によって、米国はこの協定の破棄に向かいます。

一九二三年四月、当時駐仏大使だった石井は、一時帰国したときに、「米国政府が石井・ランシング協定を将来効力なきものにしたいとの強き希望を申し出たから、これを受諾した」と告げられます。四月十四日に廃止となりました。

石井・ランシング協定の廃止は、中国政策について、日米での合意がなく、両者の見解は対立したままとなることを意味します。

「特別の利益と影響を持つ」は曖昧《あいまい》です。しかし、曖昧にせよ、「日米に共通の理解が存在していた」という事実が重要です。

石井・ランシング協定の破棄によって、米国は「日本が中国に特別の利益を持つ」を容認する立場を捨てます。

日本は「中国に特別の利害を持つ」と判断し、米国はこれを否認することがその後ずっと継続していきます。火種が残った状況です。

石井菊次郎は次に言及するワシントン軍縮会議の全権代表になります。このときは六一歳です。

石井は一九四五年五月二十五日の東京山手大空襲の際に自宅付近で死亡したと見られています。

ワシントン軍縮会議――日本が欧米と協調を図る最後になります。
全権である加藤友三郎《かとうともさぶろう》海相は「国防は軍人の専有物にあらず」

「日米戦争は不可能」という考え方を持っています

一九二一年十一月から一九二二年二月、ハーディング米国大統領の呼びかけで、ワシントンで軍縮会議が開催されました。

まず、この会議の一般的な評価を、ロバーツ著『世界の歴史⑨』（月森左知訳、創元社）で見てみたいと思います。

「ワシントン会議は、ヨーロッパにおけるパリ講和会議と呼応《こおう》する形で、アジアにおける大戦後の新しい国際秩序の構築をめざして開かれた会議でした。そこで中心的な課題となったのが、海軍の軍縮問題です。どの国にとっても重荷となっていた軍事費を削減するために、各国の主力艦について一〇年間建造を中止し、保有総トン数の上限を定めることになったのです（アメリカとイギリスが五、日本が三（略）の割合で上限が定められまし

◎**加藤友三郎**（かとうともさぶろう／一八六一－一九二三）
海軍軍人、政治家。一九二一年、ワシントン会議に首席全権委員として出席し、海軍軍縮条約に調印した。翌年、首相となり、貴族中心の超然内閣を組閣。第一次世界大戦後の時局収集に奔走し、青島駐屯軍の撤退や七万人もの陸軍軍備縮小などを達成した。

た)。この『海軍軍備制限五カ国条約』の規制は、(略)補助艦の数や、西太平洋における海軍基地の増強には制限を設けていなかったため、結局は日本海軍の力を強める結果につながりました」

ハーディング大統領は、海軍競争が次の戦争に発展することを懸念しています。米国にとっての最大の関心は、日本にどう対処するかです。

日本の海軍将官会議は、米国対日本の比率を五対三・五とすべきと主張しています。では、**日本側はなぜ、当初の二対一を捨て、「五・五・三」を容認したのでしょうか。**

一つには、当時、「攻撃軍は防御軍の二倍の兵力を必要とする」という考え方があったので、「米国や英国が五で日本が三なら二倍以下で彼らが日本を攻撃する態勢が取れない」という論です。

それよりも、日米の間に極めて大きい国力の差があったという認識です。日本は「一等国の仲間に入った」という意識が強いのですが、日本と米国や英国の格差はとてつもなく大きいのです。私たちはすでに、「20世紀初頭の日本と欧米列強の軍事・経済指標(単位:百万ドル)」を見てきました。これをもう一度見てみたいと思います。

	日本	米	英
ＧＮＰ（一九二一年）	七、二〇〇	六九、六〇〇	二三、一〇〇
（一九二五年）	六、七〇〇	九三、一〇〇	二一、四〇〇
軍事支出			
（一九二一年）	四〇〇	一、七七〇	一、二八〇

日米は経済力から言えば一対一〇です。軍事費で言っても一対四です。双方が「軍事拡大競争が馬鹿馬鹿しい」という判断に立てば、日米で三対五という数字は決して不合理な数字ではありません。

このワシントン会議で合意ができた理由は、海軍の全権が加藤友三郎海相（大将）だったことです。

加藤友三郎は、第二次大隈内閣、寺内内閣、原内閣、高橋内閣、自身の内閣と五つの内閣で海軍大臣を務めています。日露戦争では、連合艦隊参謀長として日本海海戦に参加しています。軍功という点で誰も挑戦できません。

加藤友三郎の考え方は次のものです。

「国防は軍人の専有物にあらず。戦争もまた軍人にてなし得べきものにあらず。国家総動

員してこれにあたらざれば目的を達しがたし。平たくいえば、金がなければ戦争ができぬということなり。（略）**仮に軍備は米国に拮抗するの力ありと仮定するも、日露戦争のときのごとき少額の金では戦争はできず。**しからばその金はどこよりこれを得べしやというに、米国以外に日本の外債に応じ得る国は見当たらず。しかしてその米国が敵であるとすれば、この途は塞がるるが故に、**結論として日米戦争は不可能ということになる。**国防は国力に相応ずる武力を備うると同時に、国力を涵養《かんよう》し、一方外交手段により戦争を避くることが、目下の時勢において国防の本義なりと信ず」（ワシントン会議終了後、加藤が海軍省に宛てた電文）

日本は満州や山東州の利権を特殊利権として守ることを決めます。そのことは当然中国の内政に積極的に関与していくことを求めます

中国は辛亥革命を起こし、一九一二年一月一日、中国の南京《ナンキン》で中華民国が樹立され、清朝最後の皇帝、宣統帝《せんとうてい》（溥儀《ふぎ》）は二月十二日、正式に退位しました。

中華民国では孫文《そんぶん》が臨時大総統職に就任し、その後袁世凱《えんせいがい》が大総統に就任しましたが、その袁世凱も一九一六年に死亡します。

袁世凱の拠点は、清朝から続く、軍部を司《つかさど》る北洋大臣《ほくようだいじん》というポストです。

袁世凱は首都を南京から北京《ペキン》に移し、北京政府が始まります。彼の死後、部下であった馮国璋《ふうこくしょう》、徐世昌《じょせいしょう》などが相次いで政権に就きます。北京政府は中華民国の正式政府として存続しますが、いずれも大陸全体をまとめる力を持ち得ず、各地方を根拠とする軍閥割拠《かっきょ》の時代に突入します。

ここで、日本が中国の内政に積極的に関与し、利権を守り抜くという軍部を中心にしたグループが生まれます。

満州を含める中国への日本の関与には、三つの選択がありました。

各々のグループについて考えてみたいと思います。

選択A　満州を含め、日本は特定の権益を築くべきではない

このグループの主張点は次の点に要約できます。

（1）特定の権益を確保しようとすれば、これに反対する中国の勢力と対峙《たいじ》しなければならず、辛亥革命などを見ればその勢力は無視できない。

（2）特定権益を確保するための軍事的努力などは極めて莫大になり、結局、日本の負担のほうが大きい。

（3）門戸開放になれば日本は広大な中国全体と通商することができ、結局は日本に有利となる。

（4）米国は中国市場の門戸開放を主張しており、特定権益を主張すればいずれ米国と衝突する可能性がある。

このグループには、伊藤博文、ワシントン会議の全権であった加藤友三郎海相、石井菊次郎元外相、幣原喜重郎外相、佐分利貞男《さぶりさだお》駐中国公使、阿部守太郎《あべもりたろう》外務省政務局長、出淵《でぶち》勝次《かつじ》次官（一九二四年より四年間外務次官）がいます。石橋湛山《いしばしたんざん》や米国事情に通じている清沢洌《きよさわきよし》らがこの範疇《はんちゅう》に入ります。

このうち、伊藤博文、佐分利公使、阿部局長は殺されました。幣原喜重郎も外相時には英米追従外交だとたびたび命を狙われ、二・二六事件においても暗殺の標的になり、警察の要請で鎌倉へ脱出しています。加藤友三郎も一九二三年に死亡していますから、この勢力は一気に弱体化します。

選択B　満州の権益を守ることを主とする。中国本土には不介入とする

米国も日本の満州利権はしょうがなく、認めるところがあり、米国などとの対立は避けられる、という考えです。

張作霖《ちょうさくりん》を利用しようとした田中義一や、満州国を成立させて溥儀を傀儡《かいらい》として利用しようとした関東軍がこの中に入ります。
しかし、問題は、この立場に立つ場合には中国側に協力者が必要だということです。また、この協力者が中国全体を統治したいという野望を持ったり、また中国の他の政治家が満州外から攻撃しようとする際には、これらと戦うことになります。

選択C　日本の権益を拡大していく。機会があれば日本の権益を拡大する

満州の安全を確保するには中国の北部も勢力下に置く必要があるという考えです。権益を拡大すれば反対運動が起こります。反日運動は満州に限りません。上海などにも飛び火していきます。邦人を守るためということで、戦線はますます拡大していきます。このグループの最先端に関東軍がいます。日本国内は次第にこの考えにまとまっていきます。

中国では権力闘争の第一次奉直《ほうちょく》戦争（一九二二年）、第二次奉直戦争（一九二四年）が起こり、日本の関与の仕方が問われます一九一六年に袁世凱が死去すると、権力を求め、軍閥内で闘争が起こります。

その一つが、直隷派《ちょくれい》の呉佩孚《ごはいふ》と奉天派《ほうてん》の張作霖の間の戦争です。直隷派、奉天派の名称は主力になった人々の拠点によるもので、張作霖は奉天（現在の瀋陽市）を拠点としていたので奉天派、また当初直隷派を率いていた馮国璋が直隷省（現在の河北省《かほく》）出身だったので、直隷派と呼ばれました。

この両者間で一九二二年（第一次）と一九二四年（第二次）の二回、戦争がありました。それが「奉直戦争」です。

本来こうした戦いは、日本と関係ないはずです。しかし、日本軍がこの戦いに介入し、日本が中国の抗争に巻き込まれていく端緒《たんしょ》になります。

第一次奉直戦争では直隷派の呉佩孚は七個師団、五個旅団の約一〇万人を指揮しています。この戦いでは、張作霖が敗れ、東北地方に逃げます。

第二次戦争では直隷派の呉佩孚は二〇万の軍隊、張作霖は一五万の軍隊を指揮します。

このとき、各々、それぞれの場面で、日本はどうするかの決断を迫られます。

本来は中国国内の内乱です。しかし、日本は満州の利権を確保するために、満州の奉天を拠点とする張作霖と協力関係にあります。

一九二一年五月十七日の閣議では次の決定をしています。

「張作霖が東三省《とうさんしょう》の内政及軍備を整理充実し牢固なる勢力を此の地方に確立するに対し帝国は直接間接之を援助すべしと雖《いえども》、中央政界に野心を遂くるが為帝国の助力を求むるに対しては之を助くるの態度を執らざること適切なる対策なり」

つまり**張作霖が満州や蒙古を支配しようとするときには、張作霖と協力関係にある日本は張作霖を支持する、しかし、中国全体の支配を求めて動くときには助けないという方針です。まだ日本軍は抑制的です。**

第一次奉直戦争が起こった一九二二年は、ワシントン軍縮会議（日米英の軍艦比率を三・五・五に決定）の全権代表であった加藤友三郎が首相のときです。米国との協調を図っているときです。奉直戦争は、張作霖が中央への進出の野心を持って動いたときであり、日本軍は関与しません。

一九二二年、外務大臣は奉天総領事に次の指示を与えています。

「張が東三省の治安維持に専念し、中央進出の野心を抱かないかぎり、蒙満《もうまん》に錯雑深甚《さくざつしんじん》な利害関係を有する日本としては、張にできるかぎりの同情と援助を与えるよう」（『満州事変への道』）

つまり「張作霖が中央への進出の野心を持つときは支持しない」という点が重要です。

加藤友三郎は海軍です。しかし、軍の中にあって、抑制的な考え方をしていた加藤友三郎の存在は極めて重要でした。

ところが、加藤友三郎は一九二三年八月二十五日、首相在任のまま大腸ガンの悪化で死亡します。国際協調を図る勢力にとっては、大変な痛手です。

そして、陸軍では、中国への積極介入の見解が勢力を持ってきます。

関東軍は一九二三年に作成した「支那国際問題に対する意見」で、次の見解を持ちます。

「いわゆる内政不干渉主義は、かえって支那をして列強に頼らしめ、日支の連鎖をますます弛解させるものであるから、支那をこの際、国際管理から切り離し、もっと日支の特殊的提携を推進すべきだ」（同前）

陸軍は次第次第に中国に日本の特殊利権を設置する動きを強めていきます。

第二次奉直戦争（一九二四年）**で張作霖は日本の軍事的支援を求めます。**

これに対して、幣原外相（首相は加藤高明）**は「内政不干渉主義」を取ります**

第一次奉直戦争前の一九二一年五月十七日の閣議や一九二二年の外務大臣の指示は、①張作霖が満州にとどまる限り張作霖を支援する、②しかし、中国全体の支配を求めるときには支援しないという方針を持っています。

しかし、第二次奉直戦争（一九二四年九月勃発）では、日本軍が中国の内政に直接関与していくことが明確になります。

第二次奉直戦争と「内政不干渉主義」をめぐる議論対立とは、どういうものだったのか、整理してみます。

(1) 第二次奉直戦争の顚末《てんまつ》と内閣の動向

第二次奉直戦争は、張作霖が中国全体の支配を求める戦争です。

張作霖は日本の支援を求めてきます。軍部はこれに対して協力の姿勢を強めます。

この時の議論の模様を幣原外相は『外交五十年』で次のように書いています。

・事態は相当重大で、世論も沸騰して来た。
・いよいよ奉天軍〔張作霖側〕が危ういという飛報が来たので、閣議が開かれた。
・農商務大臣の高橋是清君など、心から憂色を漂わせて、ことここに到っては東三省の戦禍を防止するためには、張作霖を援助するよりほかはあるまいといい出した。
・私は断然反対した。

・議論沸騰して纏《まと》まらない。
・加藤〔高明〕首相は閣議に一時休憩を宣して、私を隣室に招き、このさい何とか妥協の余地がないかという。私は、「私の信念は曲げられない。私の考えに関する限り、絶対に妥協の途はありません。もし総理を始め閣僚全部が私の主張を容れないで、張作霖を援けるということなら、（略）私は快く辞職します。それで内閣を改造し、新外交政策を行われることが問題解決の最上策でしょう。私はすでに覚悟をきめて、今日も辞表を懐にして来ました」
といって辞表を差し出した。すると加藤首相は、

「いや自分は君の決心を確かめたまでで、君の辞職を催促したのではない。君がそれほどの決心ならば、自分は中国内争不干渉方針を一貫することに異義はない」

といって辞表は私に返した。
・結局何の結論もなく散会した。

国内で幣原外相は厳しい批判にさらされます。

幣原は次のエピソードを紹介しています（『外交五十年』）。

・民間に深憂の色が漂い、張作霖援助の旗を押し立てたデモの行列が外務省にも押し寄せ、（略）外務大臣の優柔不断を罵《ののし》った。
・ある日私がイギリスの大使と会っていると、この示威運動者の連中が隣室まで暴れ込んで来て、手当り次第に椅子や机を投げ飛ばし、叩き毀《こわ》すという暴行を演じた。
・やがて警官が来て、警察に引致した。
・麹町《こうじまち》警察では取りあえず二十九日間の拘留《こうりゅう》を申渡すと、本人は泣き声になって、「それはひどい。私は三日分の日当しかもらっていない。それを二十九日の拘留では割に合わない、差引き二十六日分の日当を増してくれるように親方に話して取って下さい（略）」と泣きついたそうで、それを麹町署長が報告に来た。

日本は、幣原外相の頑張りもあって、内政不干渉を貫《つらぬ》きました。奉直戦争は相手側の内紛があり、張作霖と戦っていた呉佩孚軍は戦場から撤退します。幣原外相はすぐに臨時閣議の開催を求めました。そして「閣僚諸君の非常なご配慮を煩わしたが、これで満州が戦禍を蒙る心配はなくなった」と報告します。そこで、高橋是清大臣は突然立って、幣原外相のところにきて、両手で強く握り締めて「よかった、よかった。君が頑張ってくれたので、日本が救われた。（略）張作霖を秘密に援助していたら、大変なことになって、列強にも顔向けが出来ず、われわれは進退に窮せざるを得なかったろう」と謝意を表しました(前掲書より一部引用)。

(2)「内政不干渉主義」と積極的介入の選択

「内政不干渉主義」をめぐる議論を考えてみたいと思います。

一方に、「いわゆる内政不干渉主義は、ややもすれば無為無策におちいる弊《へい》があるので、局面の変化をとらえ、巧みにこの機会をとらえ、大勢の赴《おもむ》くところにしたがって、これを利用し、日支提携を強めていくべきだ」という考えがあります。

他方に、「そうではない。日本は特殊利益を樹立することを目指すべきではない。中国の主権を尊重し、中国の市場の門戸開放を行ない、日本は西欧と対立すべきではない」というグループがあります。

この論争は、日露戦争から、絶えず継続してきているものです。

日露戦争以降、利権獲得派は山縣有朋をはじめとした陸軍のグループなどです。利権派には山縣有朋、小村寿太郎、満鉄関係者の後藤新平や後の松岡洋右や岸信介《きしのぶすけ》ら、二十一カ条の要求を行なった大隈重信らがこれにつながります。

他方、中国の独立を尊重し、対米協調をしていこうというのが、伊藤博文などでした。

一九二〇年代前半になると、積極介入派の代表が田中義一、協調派の代表が幣原喜重郎になります。

田中義一の支持者には、森恪《もりつとむ》（田中義一内閣で田中義一が外相を兼任したため、森は政務次官ながら事実上の外相として対中国強硬外交を強力に推進）、関東軍などがいます。

他方、幣原喜重郎を支援した人には、西園寺公望、井上準之助《いのうえじゅんのすけ》、清沢洌（言論人）などがいます。

中国の国内状況を見ますと、激しい権力闘争が勃発しています。

日本はその渦中に入っていきます。

日本は満州などの権益を認めてくれる勢力と手をつなぎ、これを支援します。

張作霖の前にもいます。最初は、段祺瑞《だんきずい》という人物を支援しました。

段祺瑞は清朝時代の軍人で、袁世凱の後継者です。日本は、一九一八年、一億四五〇〇万円という莫大な借款《しやつかん》（中心人物であった西原亀三《にしはらかめぞう》氏の名前を取り西原借款と呼ばれます）を提供します。

若槻禮次郎は『古風庵回顧録』（読売新聞社）で「この援段政策などという、いわゆる軍人外交は、この時の失敗にも懲《こ》りず、その後もしばしば行われた。あるいは、（略）張作霖を助けるとか、言うことを肯かなければ〔張作霖を〕殺してしまうとか、そういう手段によって、理非を問わず、日本の勢力を伸ばそうとするのである」「私は主として財政上の見地から、返金のアテのない借款、結局は損になるような冒険、その取次人の無信用の点などから、その放漫な政策を攻撃した」と記述しています。

さて、中国においては、段祺瑞の反対派が、彼の日本への利権提供を攻撃します。日本はどんどん中国の政権をめぐる抗争に入りこんでいきます。

そして、日本軍部は、段祺瑞に次いで、張作霖を支援します。

張作霖はもともと日露戦争のときにロシア側のスパイとして活動した人物ですが、日本側に捕まり、これを陸軍参謀次長・児玉源太郎や田中義一が利用します。張作霖は軍閥として次第に勢力を増し、奉天省、黒竜江省《こくりゅうこう》、吉林省《きつりん》（いわゆる東三省）を勢力に収めます。

張作霖は、「満洲の覇者」として君臨しますが、満州に特別の利権を構築しようとする日本の関東軍は張作霖を支援します。

張作霖と関東軍の関係を見ますと、「植民地」、あるいは「準植民地」を経営しようとする「宗主国」と植民地によくあるパターンが見られます。

「宗主国側」は自分に都合のいい人物を見つけ、これを育成します。

しかし、「宗主国」の支援を受けた人物は次第次第に勢力を拡大していきます。そうなると、宗主国の指示を聞かなくなります。最後には「宗主国」側はこの人物を排斥《はいせき》します。それが張作霖と日本軍部の関係です。

戦後の国際政治で言えば、イランのシャーや、イラクのサダム・フセインと米国の関係に極めて類似しています。

これに対して、幣原外相は内政不干渉主義を貫きます。

しかし、幣原外相の頑張りもここまでです。

郭松齢《かくしょうれい》事件（一九二五年十一月勃発）で、**軍は幣原外相の反対を押し切り、統帥権を前面に出して、出兵します**

郭松齢という人物を知っている人はほとんどいないでしょう。

しかし、郭松齢事件で軍は統帥権を使い、外相の見解を無視して出兵をします。

軍の独裁が始まったのです。

まず郭松齢という人物を見てみたいと思います。

清朝時代の軍人です。張作霖の軍隊の参謀長が息子の張学良《ちょうがくりょう》です。この張学良の下に、参謀長代理として郭松齢がいます。

この郭松齢が張作霖に不満を持ちます。その内の一つが張作霖と日本軍との関係です。張作霖の後ろ盾に日本があり、張作霖が日本にさまざまな便宜《べんぎ》を図っていると知り、これに反発します。日本の軍部は郭松齢を敵対的人物と見なしています。

こうした中、一九二五年十一月二十三日、郭松齢は張作霖の打倒を目指し、軍事活動を開始します。これが郭松齢事件です。

郭松齢が張作霖に取って代わると満州の権益が危《あや》うくなる可能性があります。

そこで、「満州の権益」を絶対視する人々は、郭松齢の動きに懸念を持ちます。その中には、満鉄社長・安広伴一郎《やすひろばんいちろう》、奉天の吉田茂総領事、天津《てんしん》の有田八郎総領事もいました。

しかし、幣原外相は内政不干渉主義です。

ついに、幣原外相の反対を無視して、軍は独走を始めました。

その模様を馬場伸也の『満州事変への道』で見てみたいと思います。

出兵前後の十二月二十二日の日記で宇垣〔一成陸相〕は、「十二月十四日晩、出兵不必要論を外務当局が強調しありしに拘わらず、十五日午前には満州の出兵は決定せられたり。外務当局には気の毒なる感がする。（略）翌朝閣議出席前に最後の決定をなして出かけたのである（略）」と記している。

幣原は、〔「満蒙の秩序維持」とか「日本の特殊地位を固守する」とした主張に反対した理由を〕次のように説明している。

「もとより東三省地方全部が平静の状態を保ち、戦乱の惨禍をまぬかれますことは、支那住民のため、またわが居留民のためにまことに望ましいことではありますけれども、これは当然支那の責任である。われわれがみだりに自らその責任を引き受けんとするならば、現在の国際関係の基礎的観念、ワシントン条約の根本原則ならびに帝国政府の累次の声明をことごとく無視するのほかはありませぬ。われわれがひとたびこれを無視するならば、帝国の名誉威信はここに永遠に失わるることを覚悟せねばなりませぬ。われわれは何としてもかくのごとき無謀なる行動をとることはできなかったのであります」

幣原外相は「満蒙の権益は守っているか」という批判を受けますが、それに対して、「満蒙の権益と申されても、具体的には満鉄沿線以外において、われわれはなんらの権利利益を持っていないのであります」と述べています（同前）。

この言はまさに、日露戦争後の伊藤博文の言です。

あのときは伊藤博文が児玉源太郎参謀総長などの満州権益論を抑えました。

しかし、一九二五年、情勢は変わりました。軍部が独走を始めました。そして、外務省の中にも当時の奉天の吉田茂総領事、天津の有田八郎総領事など、軍部に同調する人が出てきています。

当時、外交官としての花形は欧米勤務です。

しかし吉田は、入省後二〇年の多くを中国大陸で過ごしています。

中国勤務の外交官には、中国との協調を模索するグループと、中国への日本の権益を拡大しようとするグループに分かれます。

吉田茂は後者です。ここで吉田は軍部と連携していきます。

幣原喜重郎と吉田茂を比較してみたいと思います。戦後、幣原喜重郎は一九四五年十月から一九四六年五月まで首相、吉田茂がその後継者。似たような印象がありますが、満州政策では軍部と対立する幣原と軍部と一体に動く吉田茂とでは全く逆です

吉田茂はこの時代、重要な役割を演じています。彼は戦後数々の著作を出しますが、戦前の軍部との協力関係についてほとんど記述していません。

従って吉田論には戦前の軍部との協力についてすっぽり抜ける場合が非常に多いので

す。

たとえば『日本を決定した百年』（吉田茂著、中公文庫）では、あたかも自分が部外者であったかのように記述しています。

・植民地は国力の重要な源泉であった。それゆえ日本が狭い国土と貧弱な資源しかもっていないことは、日本の弱みであったし、それを憂う人も少なくなかったのである。

・内戦のもたらす混乱状況と、そのなかで行なわれる排日運動は、中国と満州における日本人たちを圧迫していた。満州の支那側地方軍閥は、日本人に対してきわめて高圧的な姿勢を取り、日本政府はこれに対して十分に日本国民の利益を保護しなかった。

◎**吉田茂**（よしだしげる／一八七八－一九六七）
外交官、政治家。外務省に入り公使・大使を歴任する。戦後、東久邇宮稔彦・幣原喜重郎内閣の外相を経て、一九四六年、自由党総裁となり組閣。以後五四年まで五次にわたり内閣を組織する。サンフランシスコ会議首席全権として対日平和条約・日米安保条約に調印。六七年の葬儀は国葬となった。

すでに見てきたように、中国に対峙《たいじ》するのに、外務省には二つの流れがありました。一つは、小村寿太郎—山座円次郎《やまざえんじろう》—広田弘毅《ひろたこうき》の系統です。これは満州の利権を確保しようとする側です。

もう一つは幣原喜重郎に代表される国際協調派です。

吉田は前者に属しています。

一九二五年十一月二十七日、奉天総領事時代、吉田は幣原外相に次の電報を送っています。

　本官一個の私見を以てせば、昨年奉直戦争中の例にならい、帝国政府はこの際、毅然として満州治安の維持を高唱し、満州における帝国の特殊な地位に鑑み、わが勢力圏内において、軍閥の私闘を許さざるの儀を鮮明にするを機宜の処置と思慮す。

一九二七年、田中内閣が成立した翌日、吉田は亜細亜局長木村鋭市《きむらえいいち》に書簡を送り「満州の治安はわが力の及ぶ限り」と介入策を進言します。さらに当時中国への積極介入を主張していた森恪政務次官に働きかけ、一九二八年七月、田中首相（外相兼任）の事務次官に就任します。

原四郎著『大戦略なき開戦』は吉田茂が同年四月外務省に提出した「対満政策私見」を「幣原外交とは全く氷炭相容れないもの」として次の内容を含むとして紹介しています（一部抜粋）。

「従来の対支政策頓挫の原因」は、「欧州戦後民族自決等の反動的思想を、其儘に聴従し過ぎたること、日支親善の空言に捉われ過ぎたること」に帰すると断じ、我上下を挙げて支那側の御機嫌取りにのみに汲々たらしめ、支那人を驕慢ならしめた、実質に於いて我指導の下に東三省の政治を改善せしめ、当面の対策は機会ある毎に先ず各地に増兵若しは派兵を断行することを強調した。

戦後吉田首相は「反軍の代表」のような顔をしていますが、中国への派兵を、先頭を切って論じていたのです。

外務省は日露戦争以降、軍と対峙する人々が中心でした。その中にはテロの標的になった人がいました。

しかし、吉田茂が田中義一首相に自らを売りこみ、外務次官になって以降、外務省では、協調派が省の中心になることはありませんでした。組織がいったん狂いはじめると、その流れに追随《ついずい》する者が主力になり、回復するのは困難になります。それが戦前の外務省です。

その意味で吉田茂の罪は大きいのです。

幣原喜重郎の「内政不干渉」は徹底的に攻撃されます。これ以降中国に対しては中国の主権尊重の考えはなくなり、軍部の介入が露骨《ろこつ》になっていきます。幣原喜重郎の論は、今日の私たちは容易に理解できますが、中国に権益を求める人々には受け入れにくかったのかもしれません

幣原喜重郎の「内政不干渉」論にはいくつかの柱があります。

根本をなすのは、中国の安定と発展は日本を利するという考え方です。

一九二二年、日本は「中国に関する九カ国条約」に参加しました。この九カ国条約とは、ワシントン会議に出席した九カ国（米、英、オランダ、伊、仏、ベルギー、ポルトガル、日本、中国）で締結された条約で、「門戸開放・機会均等・主権尊重の原則」が原則です。この九カ国条約締結当時、幣原はアメリカの月刊誌「カレント・ヒストリイ」に

「日本の率直なる公式表明」と題する次の内容の論評を寄稿しています（守島伍郎・柳井恒夫監修『日本外交史18　満州事変』鹿島研究出版会）。

・支那が発展し、繁栄し、生産が豊かになり、購買力が旺盛になることは、日本にとって大きな恵福となるであろう。
・日本は食料を海外に求め、生産物は外国市場に売り捌かねばならぬ。支那の人口と資源は、日本にとっては死活に関する必要である。
・日本は生存のために工業化せねばならない発展段階に達した。亜細亜大陸は我らの貿易のための材料に富んでいる。我らはそこに機会均等の権利を要求し、他国との競争においては地理的地位以上に何の特権をも必要とせぬことを保証する。我らは関係国みんなに「生活し、そして生活せしめる」〔孫崎注：「live and let live」であると見られるので「生きていく」の強い表現と考えられる〕という方針の採用を望むだけのことである。

今日、第二次大戦以降、「植民地経営は宗主国に実は負担を強いるものだ」という考え方が強く、幣原の考えはすんなりと理解できます。しかし、中国に権益を求めようとする人々には理解が容易でなかったかもしれません。英国では「小イギリス主義」という主張があり、それは「イギリスの植民地主義的な領土拡張に反対し、あるいは植民地に対するイギリス本国の責任や負担をできるだけ少くしようとする主義」で、あまりにも多くの犠牲を払ったボーア戦争（一八九九年－一九〇二年）後、強く主張されはじめた考えです。

幣原の門戸開放は中国への積極的働きかけでもありました。

幣原はワシントン会議の前、米国のヒューズ国務長官に会って次の発言をしています。

「我国は支那に於いて独占権を主張する必要はない、支那の自然発達に委せて差支えない。否、それどころか、機会均等ならざることが却って日本の発展を阻碍《そがい》するのだ。例えば、日本品に対してボイコットをやって、英米に許すところの商業を日本に対し妨害する。これは機会均等ではない。或いはまた日本の悪口を計画的、組織的にいって邪魔をする。これも機会均等主義の違反だ。日本の支那に於ける経済的発達が、もし優先権や独占権のお蔭ならば、それは温室育ちの植木と同じで駄目である。私は日本の商業は、そんなに弱いものであるとは信じない。従って外部的の擁護は要らない。公明正大な立場で正々堂々と取組んで充分だ」（同前）

幣原は外相時代、谷正之《たにまさゆき》亜細亜局第一課長に「九国条約を逆用することこそ、今後の日本の対中国政策の基本である」と述べています。

幣原外相は軟弱と非難されます。一方的に非難を受けるような事態ではないのですが、国内では「軟弱外交」と非難されました。

では、どのようなことが「軟弱」と非難されたのでしょうか

幣原外相がどのような事態で非難されたか、具体的に見てみたいと思います。

（1）五《ご》・三十《さんじゆう》事件

中国では、次第次第に帝国主義と戦う運動が勢いをつけてきます。すでに五・四運動を見ました。一九一九年五月四日、パリ講和会議において日本側の「日本がドイツから奪った山東省の権益を容認」という主張が列強により国際的に承認されたことに対する反発でした。

一九二五年二月、上海日本紡績でストライキが発生しました。ストライキは他の日本や英国資本の紡績会社に波及します。「打倒帝国主義」のスローガンが広がります。五月三十日、上海全市で、学生や労働者の反帝国主義運動が展開されます。

五・四運動は学生が主体でしたが、五・三十事件は労働者が参画し、反帝国主義運動が

新たな段階に入ったことを示します。

日本企業は、日本政府の介入を求めます。

当時中国で二つの紡績会社社長であった喜多又蔵《きたまたぞう》(後、日本綿花《にほんめんか》の社長)は「此度の騒擾は労使争議と性質を異にしその根底には反帝国主義思想がある」とした上で、「暴徒の襲来により工場占拠や破壊等の場合に我が国の対策如何」と幣原に迫っています。

この時機、英国は日英が断固鎮圧すべきと述べたのに対して、幣原は「いったん、政治意識にめざめた中国のナショナリズムを、強制力をもって抑えていくことは不可能であり、かえって運動を激化させるだけである」と答えています。

こうしたこともあって、幣原外交は非難されます。

(2) 北京特別関税会議

明治維新後の主要な外交目標は関税自主権の回復、治外法権の撤廃でありました。

中国も同じ道を歩みます。

一九二五年十月二十六日、中国が関税自主権を回復しようとする特別関税会議が開催されました。

幣原は日本が率先して、中国の関税自主権を回復するように指示を出します。

それは、日本自身が関税自主権の喪失に苦しんできたことと、国権の回復が中国のナショナリズムの根幹をなしているという認識です。

しかし、すでに見てきたように、この時機中国の政治状況は極めて不安定です。交渉を行なっていた中国の段祺瑞政府が崩壊したため、交渉は中止になります。幣原外相の姿勢は、中国寄りと非難されます。

（3）南京・漢口《かんこう》事件

漢口事件は、一九二七年四月三日、国民革命軍の武漢《ぶかん》攻略の際、一部の無秩序な軍隊と暴民が漢口の日本租界《そかい》に侵入し、掠奪《りやくだつ》、破壊を行ない、日本領事館員や居留民に暴行危害を加えた事件です。

南京事件は、一九二七年三月二十四日早朝、国民軍総司令蔣介石《しようかいせき》の北伐《ほくばつ》軍が南京に入城します。当初は平和裏に入城していましたが、まもなく、反帝国主義を叫ぶ軍人や民衆の一部が外国の領事館や居留地などを襲撃して暴行・掠奪・破壊などを行なった事件です。

アメリカ軍とイギリス軍の艦艇は、二十五日午後、城内に艦砲射撃を開始、陸戦隊を上陸させて居留民の保護を図ります。

他方日本は、「虐殺を誘致するおそれあり」として砲撃には参加しません。ただし、二十五日朝に警備強化のため新たに陸戦隊九〇人を上陸させています。

これに対して日本の世論は「日本政府の対応は軟弱だ」として激しく攻撃します。では、この件を幣原外相はどのように見ているでしょうか。『外交五十年』で幣原は次のように書いています。抜粋します。

・蔣介石軍は南京に入った。この軍隊はにわか仕立ての兵隊や訓練のない兵隊もいて、外国人と見ると暴行、略奪をやった。

・このとき、南京の江岸、下関《シャカン》に外国の砲艦が三隻いた。日、英、米である。英米は蔣介石軍の根拠地と見られる場所を砲撃した。日本の砲艦だけは発砲に加わらなかった。

・当時何人が言い出したか知らないが、何でも「幣原外相が日本の砲艦に発砲を禁ずる」との風説を流した者があった。私が軍艦の行動を指揮する立場にいなかったことは、申すまでもない。

・あれは南京の居留民が、シベリア出兵のとき、ニコラエフスクで日本人居住民の大虐殺が行なわれたのを伝え聞いて、居留民が「日本の軍艦が発砲したら、ことはそれだけでは済まない。いままでは暴行略奪に止まっているが、今後は生命に危害を加えるかもしれない」と艦長に泣きつき、「どうか我慢して発砲しないで下さい」と嘆願した。「よしッ」といって、艦長は快く引受けた。

・艦長は自分だけのみ込んでいて、部下の誰にも知らせず、発砲を命令しなかったという。それを部下の若い下士官は、親の心子知らずで、ひたすら私が発砲を禁じたと思いこんで憤慨し、国内でも衆怨は私に集まった。

若槻内閣は幣原外務大臣を持ち、協調外交を推進しますが、これに批判的な伊東巳代治《いとうみよじ》らの動きによって辞職に追いこまれます

幣原外交は「軟弱外交」として世論などは厳しく非難します。

政界で非難の先頭に立っていたのは伊東巳代治枢密院顧問（枢密院の重鎮として昭和初期まで政界に影響力を持つ）です。

この時期に台湾《たいわん》銀行救済問題が起こります。

台湾銀行は、一八九七年公布の「台湾銀行法」によって設置され、台湾の貨幣（台幣）の発行権を持つ特殊銀行です。この台湾銀行が、一九二七年の昭和金融恐慌で休業に陥《おちい》り

ます。

枢密院は、台湾銀行救済緊急勅令案を否決します。これで第一次若槻内閣が総辞職します。

しかし、この背景には、伊東巳代治らの幣原外交に対する強い批判があります。伊東巳代治は山縣有朋によって重用された人物です。常に中国への積極的介入を主張していました。

「内政不干渉」の幣原外交の対極にあるのが、「日本の国是は武」「東洋の盟主」として積極的軍事介入を説く「田中（義一）外交」です

田中義一内閣が一九二七年四月二十日に発足し、一九二九年七月二日まで続きます。このとき、田中義一は外相も兼任することになります。その分、政務次官・森恪、および事務次官・吉田茂の比重が高くなります。幣原外交を支えた出淵次官は米国に、木村亜細亜局長はチェコスロヴァキアに転出します。

田中義一首相は、幣原外相の内政不干渉と全く逆の政策を遂行します。

田中義一は一九二七年四月十五日の政友会《せいゆうかい》臨時党大会で次のように発言します。

「いたずらに内政不干渉に藉口《しゃこう》して袖手傍観《しゅうしゅぼうかん》をことすることは、あきらかに帝国の東亜における地位の放棄であるとともに、東洋大局の崩壊を顧《かえり》みないものである。東亜の盟主たるわが帝国はあくまでも大局保全の見地にたち、（略）対支外交の刷新を期せねばなりませぬ」

一九二七年四月に成立した田中義一内閣は強硬外交を推進します。

具体的には、日本軍による居留民保護を強化し、満州での張作霖への間接的援助を行ない、中国の権益強化と拡大のために山東省に出兵しました。かつて日本軍の介入を満州に限定していたのを、中国本土にも拡大したのです。こうした方針を決めたのが、次の「東方会議」です。

東方会議――一九二七年六月、開催。「中国における日本の権利や在留邦人の生命財産が侵害されるおそれのある場合には断固として自衛の措置に出る」ことを決め、中国国内に軍事進出を行なうことを正当化しました

一九二七年六月二十七日から七月七日まで、田中義一首相（外務大臣を兼ねる）の下で会議が開催されました。それが東方会議です。

集まった目的は、「南京事件や漢口事件のように日本の既得権益の維持と在留日本人の保護すら十分にできない幣原外交を是正する」点にありました。

外務省からは、田中義一兼摂外相、森恪政務次官、出淵勝次事務次官、芳澤謙吉《よしざわけんきち》駐支公使、吉田茂奉天総領事らが出ています。

森恪は当時の政治家としては、やや異なった道を歩んできます。三井物産の上海支店勤務をはじめ、中国で事業を開始して、資金を持ち、政友会に入ってきます。従って、中国における権益を守ることに特別強い意欲を持っています。『森恪』（山浦貫一編、原書房）には次の記述があります。

植原悦二郎（田中義一内閣で外務参与官）談。

森は満蒙第一主義で、満蒙は日本にとって陸の生命線というべき特殊にして且つ重大な地域である。幣原前外相の方針は機会均等主義を建前とする石井・ランシング協定を基準とするが、森はこれを認めない。

門戸開放の原則は認めても満蒙に於ける日本の特殊権益は絶対にこれを冒させない。それが為に支那との関係がどうなろうと、それは次の問題である。

森恪は田中内閣が総辞職すると、一九二九年、政友会幹事長に就任し、極めて強い影響力を持っています。

彼の基盤は財政力にあります。その一端が「満鉄疑獄事件」と呼ばれるものです。『読む年表・20世紀と昭和天皇』（読売新聞社）で事件の概要を確認しましょう。

一九二一年一月三十一日　満鉄疑獄事件発覚

一月三十一日の衆議院予算委員会の席上、野党憲政会《けんせいかい》が満州鉄道の炭鉱・汽船買収問題を取り上げ、政府を追及した。（略）

疑獄の主人公は満鉄副社長の中西清一《なかにしせいいち》。満州・撫順《ぶじゅん》炭鉱の近くに搭連炭鉱という日中合弁の小規模の炭鉱があり、これを満鉄が二一〇万円で購入した。ところが、三月に株主や憲政会系弁護士が出した告訴状によれば、同炭鉱の実価は七〇万円とされていた。（略）

同炭鉱の日本側経営者の東洋炭鉱には、この年の総選挙に政友会から立候補した森恪が専務取締役を務めていた。買収金のうち三〇万円が先に支払われ、これが森と政友会の選挙資金にあてられたとの疑惑がもたれた。（略）

この事件に関する一九二二年一月十二日付東京日日新聞の「満鉄公判の幕開く」には、「東洋炭鉱が搭連坑に関し満鉄の保証の下に六十五万円を朝鮮銀行から借りて」という記述があります。つまり、**満州という市場で純粋な商売で利益を挙げているというより、満州という舞台を使い、政府などの資金を利用しながら、太っていくパターンです。**

これまで、満州の特殊権益を主張するグループは軍人でしたが、森恪のように、満州の特殊利権を持つ者が発言力を持ち、「石井・ランシング協定」のように、日本の英知が作り上げてきた仕組みを簡単に破壊していきます。

東方会議では関係省庁の重要人物が参加しました。

外務省の他、陸軍省からは、次官、参謀次長、軍務局長、関東軍司令官らが出ています。

海軍省からは、次官、軍務局長、軍令部次長が出ています。

田中首相が外務大臣を兼ねていたことから、森恪政務次官が外務大臣のように、この会議を取り仕切ります。

有田八郎（この会議の後九月、外務省の亜細亜局長に就任）がこの東方会議の性格を著書『馬鹿八と人はいう』の中で次のように書いています。

東方会議の特色として前内閣の外交方針と違う点は、「……中国における日本の権利、利益ならびに在留邦人の生命財産にして、不法に侵害せらるるおそれある場合には、必要に応じ断乎として自衛の措置に出で、これを擁護するの外なし（対中国政策綱領の五）」とあるように中国における日本の権益を現地で保護する、つまりいざという場合には出兵して、そこで権益を守り事態を解決するということであった。

私たちはすでに吉田茂の立場を見てきました。吉田茂はこの会議の前に外務省に「対満政策私見」を提出し、その中で「当面の対策は機会ある毎に先ず各地に派兵を断行することを強調した」のを見ました。

田中義一首相や森恪政務次官らにとって、外務省内に軍の積極介入を主張する人物が出てきたことは、この上なく有難いことであったと思います。

「自国民の生命や財産を守るために軍事行動を取る。これは自衛権である」という見解はその後もずっと続きます。

二〇一四年の段階でも、米国が「イスラム国」の空爆を行なったときの理由の一つが米国人保護でありました。今日の米国の対外姿勢と、戦前日本軍が中国に出ていき、泥沼にはまっていくのと、類似しています。

「在留邦人の生命財産に対して不法に侵害されるおそれのある場合には必要に応じ断乎として自衛の措置に出る」ということが国の方針になると、基本的には日本人が集団的に居住する地域にはどこでも出られることになります。

話を東方会議に戻しましょう。会議ではこのようなやりとりもありました。

会議の際、関東軍司令官武藤信義《むとうのぶよし》中将は田中義一首相に向かって、「これは決して欲することではないが、それだけの大方針を実行に移すには、その為に世界戦争が起こることをも覚悟しなければならない。少なくとも米国は黙っていないとすれば、英国も、その他の列国も、その尻について騒ぎ立てることになるが、その米国に対する対策、また世界戦争が起こった場合に、どうするか、その決心と用意があるか」と問うと、首相は「おら決心がある」といった。武藤司令官は重ねて「後になってぐらつくようなことはないか」と念を押すと、首相は「おら大丈夫、決心している」と断言した。(『森恪』)

日本軍人に一貫しているのは、「自分の身を捨てることで責任を取る、取れる」という考え方です。一九四五年八月十五日未明、ポツダム宣言の受諾返電の直前に阿南惟幾《あなみこれちか》陸相は切腹（自刃）しました。そのとき、辞世の句は、「大君の深き恵に浴《あ》みし身は 言ひ遺こすへき片言《かたこと》もなし」でした。そして阿南陸相について書かれた本に、『大義に死す—最後の武士・阿南惟幾』『武人《もののふ》の大義—最後の陸軍大臣 阿南惟幾の自決』といった書名があるように、日本には死でもって償《つぐな》えばそれで罪は問わないという風潮があります。冗談ではありません。日本陸軍が侵した罪は一身の割腹自殺で償えるものでありません。田中首相が「おら大丈夫、決心している」というのもまた、同じ流れです。

この東方会議の動きを苦々しく見ている人物もいました。

宇垣陸相は日記に次の言葉を残しています。

内政多事（台湾銀行破綻からの経済不安）なる此際に支那の問題までを東京に持集まりてコネ回し国民の神経を内部的に攪乱するとは何事だ。

新進の政務官（森恪）が多数の外交官を集めて自己の大を誇り、売名を行う為に必要以外に、得る所はなく、損する所が多いのみである。（略）

外政を内政圏内に引き込みて、益々火の手を挙げるのは迂拙の極である。（『宇垣一成日記』朝日新聞社）

一九三〇年（昭和五年）ロンドン海軍軍縮条約では米国と合意にこぎつけますが、国内で激しい攻撃にあい、協調外交の終焉《しゅうえん》を見せます。

東方会議で中国国内での軍事行為を正当化しましたが、現実に出兵したのが山東省出兵（一九二七年五月と一九二八年四月）です

山東省は日本にとって特別の地域でした。

ドイツの支配下にあったものを第一次世界大戦で占領し、ヴェルサイユ講和条約で日本の権益と認められました。

その後、ワシントン軍縮会議で中国に返還することが決められ、一九二二年の九カ国条約で山東省での権益を中国に還付《かんぷ》することとなりました。

しかし、日本には特別の地域という意識が残っています。山東省における日本人居留民数は総計約一万六九四〇人に達していました。

蔣介石軍が山東省に進軍すると、田中義一内閣は、一九二七年五月、居留民の保護を目的に陸軍約二〇〇〇名を青島《チンタオ》に出兵させます。

翌一九二八年四月、形勢を立て直した蔣介石軍は一〇万人の北伐軍で山東省に突入して

きました。これを受けて、日本側は六〇〇〇名の陸軍を派遣します。

こうした出兵が、在留邦人の安全確保に貢献したでしょうか。

森島守人の『陰謀・暗殺・軍刀』を見てみたいと思います。

「出兵の結果は蔣介石麾下の国民革命軍の北伐を阻害し、いたずらに中国全土にわたって抗日風潮を激成したに過ぎず、ことに第二次出兵の際には、済南《さいなん》で大規模な武力衝突を惹起し、出兵の主目的たる居留民の現地保護を完うしえなかったばかりか、居留民中に多数の犠牲者を出し、中日関係に長年の癌を残したことはここに説くまでもない」

時代を問わず、地域を問わず、自国の居留民を守るためと言って行なう軍事行動は、結果的には長期的に見れば、ほぼ確実に、その居留民の生活環境を悪化させています。

一九三〇年頃、日本の対外関係は激しい主導権争いをしています。

中国と西側諸国と協調を図るか、日本の権益を伸ばし、欧米、中国と対立の途を選ぶかの選択です。

その代表的なのが「幣原の協調外交」か、「田中の積極外交」を取るかです。

この中で、一九二九年七月、濱口《はまぐち》内閣（三一年四月まで）が成立し、外務大臣には再び幣原喜重郎が就きます。

濱口雄幸《おさち》首相は一九三〇年十一月十四日、午前九時発の神戸行き特急「つばめ」に乗車するため東京駅を訪れ、午前八時五八分、「つばめ」の一号車に向かって第四ホームを移動中、愛国社《あいこくしゃ》社員の佐郷屋留雄《さごやとめお》に至近距離から銃撃されました。

犯人である佐郷屋は「濱口は社会を不安におとしめ、陛下の統帥権《とうすいけん》を犯した。だからやった。何が悪い」と供述したと言われています。

今、多くの人は気づかずに通りすぎていると思いますが、濱口首相の銃撃現場である、東京駅構内中央通りから新幹線への改札へ上る階段手前には、印がつけられています。

濱口首相は体調不良のため、一九三一年四月十三日に首相を辞任し、八月二十六日死去しています。

戦前の歴史を見ますと、日本が岐路に立つ極めて重要な時期にテロが起こり、流れを変えるのが顕著です。

ここで、統帥権という言葉がまた出ました。

これはロンドン海軍軍縮会議と関連しています。

ここで、時代の流れを把握するために、『詳説日本史』を見てみたいと思います。

ふたたび幣原喜重郎を外相に起用した。対中関係を改善するために、１９３０（昭和５）年に中国と日中関税協定を結び、条件つきではあったが中国に関税自主権を認めた。

また軍縮の方針に従って、1930（昭和5）年、ロンドン海軍軍縮会議に参加した。軍縮会議では、主力艦建造禁止をさらに5年延長することと、ワシントン海軍軍縮条約で除外された補助艦（巡洋《じゅんよう》艦・駆逐《くちく》艦・潜水《せんすい》艦）の保有量がとりきめられた。当初の日本の要求のうち、補助艦の総トン数の対イギリス・アメリカ約7割は認められたものの、大型巡洋艦の対米7割は受け入れられないまま、政府は条約調印に踏みきった（ロンドン海軍軍縮条約）。

これに対し、野党の立憲政友会・海軍軍令部・右翼などは、海軍軍令部長の反対をおしきって政府が兵力量を決定したのは統帥権の干犯《かんぱん》であると激しく攻撃した。政府は枢密院の同意を取りつけて、条約の批准《ひじゅん》に成功したが、1930（昭和5）年11月には浜口首相が東京駅で右翼青年に狙撃《そげき》され重傷を負い、翌年、退陣後まもなく死亡した。


ロンドン海軍軍縮会議では巡洋艦の比率を米国一〇、日本をほぼ七としますが、これを不満とする軍などは統帥権侵犯と騒ぎます。ワシントン会議では主力艦で一〇対六ですから日本はよりいい条件を得たにもかかわらず、ですロンドン海軍軍縮会議は、日本、アメリカ、イギリス、フランス、イタリアの列強五カ国（仏、伊は途中で脱退）が、海軍の補助艦保有量を制限することを主な目的とした国際会議で、イギリス首相マクドナルドの提唱により、一九三〇年にイギリスのロンドンで開かれました。

開催期日は一月二十一日から四月二十二日です。

主力艦の比率はワシントン会議で、すでに米・英・日が五・五・三に決定していました。ロンドン会議は、補助艦をどうするかで集まったのです。

日本側は若槻禮次郎元総理を首席全権、斎藤《さいとう》博《ひろし》外務省情報局長を政府代表として派遣し、英国はマクドナルド首相、米国はスチムソン国務長官が参加しました。

この会議について、首席全権となった若槻禮次郎は『古風庵回顧録』にこう記しています。

・浜口から首相官邸に来てくれという電話が来た。行ってみると、幣原もそこに居た。海軍軍縮会議に、首席全権として行って貰いたいというのであった。固くお断りした。

・私たちの全権団は、私の外に、海軍大臣の財部彪《たからべたかし》君、ロンドンにいる全権大使の松平《まつだいら》恒雄《つねお》君だ。
・私がロンドンに出発する四五日前に、頭山満《とうやまみつる》から面会を求めて来た。代理に会うと、全権を辞職せよと、勧告に来たのである。
・このロンドン会議に臨むにあたって、私が政府から受け取った訓令は、
一、巡洋艦の比率は、総トン数において、我国七、米国十とすること。
二、大型巡洋艦についても、この比率とすること。
・日米の論争では、いつ迄たっても結論に達しない。
・米国の主張は、ワシントンで協定された主力艦の十対六の比率を、巡洋艦にも適用しようというものであった。これはアメリカとしては、十対六ならば、アメリカが日本を攻めて、叩きつけることができると考えていたのだろう。
・私は最後の決心をしなければならないと感ずるに至った。
首席全権会議でスチムソンは風邪で出てこない。
私はマクドナルドに言った。
「主張が受け入れなければ、この会議を打切って、引揚げて帰ることを可とする。
もし日本の主張を若干修正して、締結するとしたならば、国民は非難を私一人に集

中し、私の名誉も生命も、如何なる結果を見るか図り難いのである。纏まりがつくならば、自分の生命と名誉の如きは、何とも思わない」

マクドナルドはよほど感動したらしい。

・宿舎に帰ると、スチムソンから、電話があり、明朝ぜひ会いたいという。

・次の日、斎藤を連れて、彼を訪問した。

米側の提案は計算すると六割九分七厘五毛になる。私は斎藤に対して、「まだ二厘五毛足りないと言え」と言ったが、斎藤は「六割九分七厘五毛というのは、結局七割と同じ事なのですが、アメリカの全権がここで結んでも、帰国して上院の批准を受けなければなりません。七割は大へんな譲歩だと言って騒ぐでしょう。彼等はそれを心配して、六割九分七厘五毛というと、幾らか譲ったが、全部譲ったんじゃないということになる。だからそんな事は言わん方が宜しいでしょう」と、通訳といっても、斎藤はさすが外交官で、向こうへ通訳せずに、あべこべに全権に注意した。そこでこの辺で我慢しようと考え、斎藤に話しさせた〔孫崎注：斎藤博は、一九三四年、駐米大使。満州事変後に悪化した日米関係改善に尽くす。一九三八年、まだ駐米大使であるときに肺結核が悪化し米国で死去。アメリカ政府は斎藤の死を惜しんで巡洋艦アストリア号に遺骨を乗せて日本本国に送った〕。

・財部全権及び海軍随員の多数は、私の決定に不満だった。
・私は朝鮮総督の斎藤実《さいとうまこと》君から、長文の祝電を貰《もら》った〔孫崎注：斎藤実は海軍出身。朝鮮総督後、首相。その後内大臣に就任した。二・二六事件において殺害される。天皇をたぶらかす重臣ブロックとして、中堅、青年将校から目の敵にされ、二・二六事件において殺害される。財部全権は帰国途次、斎藤朝鮮総督を訪れ、以来条約を擁護〕。
・海軍省内では、この条約に対して、次官とか軍務局長位いが賛成しただけで、他の海軍軍人はほとんど反対であった。海軍部内にあって、次官の山梨勝之進《やまなしかつのしん》などはもっとも尽力した一人であった。しかし当時省内の要職にあった人たちは、後にみな外に出され、予備に回され、海軍では用いられなかった。
・山梨次官も海軍を追われたが、後に学習院長となり、非常に評判がよく、未来の宮内大臣と噂された。そういう有為な人物を、どうして斥《しりぞ》けなければならないかと、私は不思議に思う。一ぺん山梨に会った。私はあんたなどは、海軍大臣にもなるべき人と思う。それが予備になって、見て居て実に堪えられん、と言った。すると山梨は、自分はちっとも遺憾と思っていない。軍縮のような大問題は、犠牲なしには決まりません、誰か犠牲者がなければならん。自分がその犠牲になるつもりでやったのですから、私が海軍の要職から退けられ、今日の境遇になったことは、少しも怪しむべきではありません、と言った。

山梨は「憲法解釈は枢密院の権限で、軍人が憲法を論ずるなど論外である」と書き残したといわれています。また昭和天皇は「重臣、軍人の中で一番御信任なさったのは誰ですか」との問いに「山梨勝之進」と即答している（平川祐弘『平和の海と戦いの海』講談社）とされ、山梨は、六年間船橋《ふなばし》に閑居していましたが、当時の皇太子・明仁《あきひと》親王の教育を任せられる適材適所の人材として学習院長を拝命したとされます。

若槻禮次郎が記したように、海軍内部では、ロンドン会議をめぐり争いが生じました。幣原喜重郎が『外交五十年』に詳しく記しています。

ロンドン会議をめぐって、海軍部内の対立があった。次官の山梨君は頭のいい人で、公平な考えをもっていたが、加藤《かとう》〔寛治《かんじ》〕軍令部長が一番猪突論者であったようだ〔孫崎注：加藤寛治は海軍大学校校長時代、入校式で、当校は戦争に勝てばよいので、哲学も宗教も思想も必要ない」と訓示を述べていたといわれている〕。その間に処して、海軍参議官の岡田〔啓介〕大将が非常によく働いた。（略）

全権の財部君など、ほとんど生命がけで帰って来た。彼は条約に調印するまでは、大分躊躇していたようであったが、一たん条約に調印してしまうと、態度が非常にハッキリして来て、この案で行くんだという決心になった。

アメリカの日本側への要望は「対英米六・九七五」（六割九分七厘五毛）でした。日本の内閣は、当初提案した「七割」に近い数字を妥協案としてアメリカから引き出せたことになります。その差は、わずか〇・〇二五（二厘五毛）です。従って日本政府はこの案を受諾する方針を決め、海軍省の内部も賛成にまとまってゆきます。

当時の日米における工業力の差が桁《けた》違いであったことを考慮すると、対米七割弱という条件は破格に近いものでした。しかし軍令部が異を唱えます。重巡洋艦の保有量が対米六割に抑えられたこと、潜水艦保有量が希望量に達しなかったこと、この二点を理由に「条約拒否」を言い出したのです。これが、幣原の記した「海軍部内の対立」です。

それでも日本は一九三〇年十月二日、どうにかロンドン海軍軍縮条約の批准にこぎつけました。しかし海軍内部では、この批准までの過程で二つの勢力が対立することになってしまいました。条約に賛成する「条約派」と、反対する「艦隊派」の対立構造です。

一部のマスコミは「艦隊派」に同調し、当初の希望量を達成できないまま条約に調印したことや、条約の部分参加（フランス、イタリアなどは本条約に調印せず、部分参加としました）という選択をしなかったことで政府を批判しました。

そして批判は軍部とマスコミからに留《とど》まりません。国会です。当時、開催された第五八帝国議会（特別会）では、野党である立憲政友会の犬養《いぬかい》毅《つよし》や鳩山《はとやま》一郎《いちろう》、さらに枢密院が、政府の条約批准を攻撃しました。彼らが盾に持ち出したのは、大日本帝国憲法第一一条の条文「天皇ハ陸海軍ヲ統帥ス」（統帥大権）です。つまり政府が軍令（＝統帥）事項である兵力量を天皇（＝統帥部）の承諾を得ずに決めたのは憲法違反だと提起したのです。これが「統帥権干犯問題」です。

このときに政争の具として統帥権を持ち出した結果、与野党は自らの首を絞めることになります。議会は統帥権を主張する軍部に干渉できず、その独走を押さえられなくなってゆくのです。

この当時の国民所得がどのような状況になっているか見てみたいと思います。

国民所得（大正十三〔＝一九二四〕年）単位百万円
米国一四二、五一八
英国　四三、八三一
独　　二四、九八七

仏　二一、九〇七
日　一二、八八三

（「立憲民政党党員須知」〔党員手帳〕より）

この時点で国民所得では米国は日本の一〇倍以上です。
こうした中、米国対日本が一〇対七でも満足しない日本の世論、政治家はかなり、国際情勢から離れた感覚を持ってしまっていると言えましょう。

私たちは夏目漱石の『それから』を見てきました。夏目漱石が、「日本は（略）一等国を以て任じている。そうして、無理にも一等国の仲間入をしようとする。だから、あらゆる方面に向って、奥行を削って、一等国だけの間口を張っちまった。なまじい張れるから、なお悲惨なものだ。牛と競争をする蛙と同じ事で、もう君、腹が裂けるよ」と日本の将来を危惧したように、蛙が牛と同格の一等国になっていると思って、牛並みの扱いを勝ち取れない者を排除するのが、この時代の主流になってしまいました。

（下）に続く

日米開戦への道①(1904〜1925年)

西暦(年)	年号(年)	出来事
1904	明治37	2月、日露戦争はじまる
1905	明治38	9月、日露講和条約（ポーツマス条約）成立 10月、「桂・ハリマン協定」締結
1906	明治39	11月、南満州鉄道株式会社設立
1907	明治40	4月、「帝国国防方針」を策定。初めてアメリカと戦うことを想定
1908	明治41	9月、「対外政策方針」を閣議決定。満州で事変が起きたときに備えて、武力攻撃の準備
1909	明治42	10月、伊藤博文、ハルビンにて安重根に暗殺される
1910	明治43	8月、韓国併合に関する日韓条約調印
1911	明治44	10月（太陰暦8月）、中国で辛亥革命はじまる
1912	明治45	1月、中華民国成立 2月、宣統帝溥儀が退位、袁世凱が臨時大総統
1913	大正2	9月、阿部守太郎外務省政務局長、国粋主義者に刺され、翌日死去
1914	大正3	8月、英国がドイツに宣戦布告。日本もドイツに宣戦布告し、第1次世界大戦（〜1918年）に参戦
1915	大正4	1月、大隈内閣、中華民国に「対華二十一カ条」を要求
1916	大正5	6月、袁世凱死去
1917	大正6	11月、「石井・ランシング協定」調印（1923年4月廃止）
1918	大正7	9月、西原借款を段祺瑞に供与（援段政策）
1919	大正8	5月、中国で5・4運動
1921	大正10	7月、石橋湛山「大日本主義の幻想」発表 11月、ワシントン軍縮会議開催（翌年2月まで）
1922	大正11	2月、「中国に関する九カ国条約」に参加 4月、中国で第1次奉直戦争
1923	大正12	9月1日、関東大震災
1924	大正13	7月、アメリカで排日移民法施行 9月、中国で第2次奉直戦争
1925	大正14	5月、中国で5・30事件（排日運動） 11月、郭松齢事件で日本軍が満州へ出兵

日米開戦への道②(1927〜1940年)

西暦(年)	年号(年)	出来事
1927	昭和2	3月、南京事件。4月、漢口事件。幣原外相「軟弱外交」と非難される。同月、昭和金融恐慌で台湾銀行が休業。若槻内閣は辞職、田中義一内閣発足(田中積極外交)。同月、蔣介石、南京に国民政府を樹立。5月、第1次山東出兵。6月、東方会議
1928	昭和3	4月、第2次山東出兵。5月、関東軍が済南で国民革命軍と衝突(済南事件)。6月、張作霖爆殺事件
1929	昭和4	7月、田中義一内閣総辞職、濱口雄幸内閣(外相、幣原喜重郎)成立。10月、世界恐慌始まる。11月、佐分利貞男公使、箱根にて死体で発見
1930	昭和5	1月、ロンドン海軍軍縮会議。11月、濱口雄幸首相、東京駅で狙撃され、第2次若槻内閣成立
1931	昭和6	3月、桜会・大川周明ら軍部クーデター未遂(3月事件)。9月、柳条湖事件(満州事変始まる)。10月、関東軍、錦州爆撃。同月、桜会急進派・大川周明らのクーデター計画発覚(10月事件)。11月、中華ソヴィエト臨時政府擁立、毛沢東が政府主席に。12月、若槻内閣総辞職、犬養毅内閣発足
1932	昭和7	1月、第1次上海事変。2月、井上準之助射殺(血盟団事件)。3月、満州国成立、団琢磨射殺。5月、犬養首相暗殺(5・15事件)。8月、内田外相、満州国承認の決意表明(「焦土外交」演説)。10月、リットン報告書
1933	昭和8	2月、関東軍、熱河作戦開始。国際連盟総会で松岡洋右全権代表が退席、翌月、連盟脱退の勅書発布
1934	昭和9	12月、血盟団による西園寺公暗殺計画未遂
1936	昭和11	2月、皇道派青年将校のクーデターで高橋蔵相らを殺害(2・26事件)。12月、中国で西安事件
1937	昭和12	7月、盧溝橋事件(日中戦争開始)。8月、第2次上海事変勃発。10月、ルーズベルト米国大統領「隔離演説」。11月、トラウトマン和平工作開始。12月、南京陥落
1939	昭和14	5月、ノモンハン事件(日ソ両軍の衝突、9月まで)。8月、独ソ不可侵条約締結。11月、野村外相、グルー駐日米国大使との会談開始
1940	昭和15	6月、パリ陥落。ヴィシー政権誕生。ド・ゴールが「臨時フランス国家委員会」を設立。7月、米内内閣総辞職、第2次近衛内閣発足。同月、南進政策決定。9月、馬場恒吾「日曜評論」終了(9月1日付)。同月、日本軍、北部仏印に進駐。同月、日独伊三国同盟締結。12月、内閣情報局設立

祥伝社文庫

日《にち》米《べい》開《かい》戦《せん》の正《しよう》体《たい》（上《じよう》）

なぜ真《しん》珠《じゆ》湾《わん》攻《こう》撃《げき》という道《みち》を歩《あゆ》んだのか

令和 元 年 7 月 20 日　初版第 1 刷発行

著　者　孫《まご》崎《さき》　享《うける》

発行者　辻 浩明

発行所　祥伝社《しようでんしや》

〒101－8701

東京都千代田区神田神保町 3－3

電話　03（3265）2084（編集部）

電話　03（3265）2081（販売部）

電話　03（3265）3622（業務部）

http://www.shodensha.co.jp/

印刷所　堀内印刷

製本所　ナショナル製本

ISBN978-4-396-31760-7 C0120